Die Wilhelm-Busch-Bibliothek

Band 9

Wilhelm Busch

Spuren zum Kreuz

Christus im Alten Testament

aussaat

clv

1. Auflage 2006

© 2006 Aussaat Verlag
Verlagsgesellschaft des Erziehungsvereins mbH,
Neukirchen-Vluyn
Satz: CLV
Umschlag: H. Namislow
Druck und Bindung: GGP Media GmbH, Pößneck

Die Wilhelm-Busch-Bibliothek besteht aus 13 Bänden

ISBN-10: 3-7615-5487-7 (Aussaat)
ISBN-13: 978-3-7615-5487-6 (Aussaat)
ISBN-10: 3-89397-681-7 (CLV)
ISBN-13: 978-3-89397-681-2 (CLV)

Inhalt

Vorwort 9

Röcke von Fellen 13
1.Mose 3,21

An der Schwelle des Paradieses 20
1.Mose 3,21

Abel 26
1.Mose 4,8b

Die Arche 33
1.Mose 7,13.16

Melchisedek 40
1.Mose 14,18.19a

Morija 47
1.Mose 22,2

Beth-El 54
1.Mose 28,17

Jakob und Rahel 60
1.Mose 29,20a

Die Eiche zu Sichem 66
1.Mose 35,2.4

Joseph in der Zisterne 73
1.Mose 37,23.24

Joseph wird verkauft 80
1.Mose 37,27

Mara 87
2.Mose 15,23.25

Das Gebet des Mose 94
2.Mose 32,32

Der Bock für Asasel 101
3.Mose 16,21

Der große Versöhnungstag 108
3.Mose 16,30.32a

Aaron zwischen den Toten
und Lebendigen 115
4.Mose 16,48

Der geschlagene Fels 122
4.Mose 20,11

Die eherne Schlange 129
4.Mose 21,9

Die Freistädte 136
4.Mose 35,12

Das Denkmal in Gilgal 144
Josua 4,20

Rahab 151
Josua 6,24.25a

Achor 158
Josua 7,25.26

Simsons Tod 165
Richter 16,30b

Mizpa 172
1.Samuel 7,7.9

Die Höhle Adullam 179
1.Samuel 22,1.2

Davids Raub 186
1.Samuel 30,20

David auf der Flucht 193
2.Samuel 15,16

Elia am Horeb 200
1.Könige 19,11-13

Naeman 207
2.Könige 5,14

Elisa am Jordan 214
2.Könige 6,6

Elisas Grab 221
2.Könige 13,20.21

Der Hohepriester 228
1.Chronik 6,34

Die Tenne Ornans 235
1.Chronik 21,25-27

Der Gnadenstuhl 242
Römer 3,25

Das Passah-Lamm 249
Hebräer 11,28

Vorwort

Als ich – ein junger Theologe – die Universität verließ, hatte ich in den Vorlesungen über das Alte Testament gelernt, dass man in den fünf Büchern Mose verschiedene Quellen feststellen könne: den Jahwist und den Elohist … Ich hatte älteste und jüngere Bestandteile unterscheiden gelernt … Ich hatte gehört, dass es einen ersten und einen zweiten Jesaja gäbe … Man hatte mir gezeigt, wie man die »unterchristliche Frömmigkeit« des Alten Testaments von der »Lehre Jesu« unterscheiden könne …
Kurz – das Alte Testament war ein höchst zweifelhaftes Erzeugnis religiöser jüdischer Literatur. So entließ mich die Universität in eine große Gemeinde als »Prediger des Wortes Gottes«.
»Wort Gottes«?! War das Alte Testament »Wort Gottes«? Man hatte uns gesagt, das Alte Testament sei für uns gültig, »soweit es Christum treibe«. Nun schön! Aber – was »trieb denn hier Christum«? Selbst das große Kapitel Jesaja 53 war ja – wie man uns gesagt hatte – gar nicht eine messianische Verheißung, sondern es wurde hier »die Idee des stellvertretenden Leidens« ausgesprochen.

Es wurde mir klar: Das ganze Alte Testament war nichts als eine einzige Verlegenheit.

Doch wie dankbar bin ich, dass mir aus dieser kritischen Haltung herausgeholfen wurde durch allerlei Erlebnisse, die mir zeigten, dass man auch ganz anders mit diesem Buch umgehen könne. Da sagte mir einst meine liebe Mutter: »Ich habe so viel Segen vom 3. Buch Mose.« Ich horchte auf: Vom 3. Buch Mose?! Da standen doch nur längst überholte Kultvorschriften, deren Ursprünge nach Ägypten oder Babylon oder wer weiß wohin wiesen!

Ich hielt eine Bibelstunde über die Geschichte, wie Mose Wasser aus dem Felsen schlägt. Und da sagte ich schöne und herzbewegende Worte über die Tatsache, dass Gott die Seinen nicht im Stich lässt. Ich war überzeugt, ich hätte sehr gut gesprochen. Aber da kam ein alter, erfahrener Jünger Jesu auf mich zu und erklärte mir: »In meiner Bibel steht: ›Der geistliche Fels, der nachfolgte, war Christus.‹ – Davon habe ich heute Abend bei Ihnen nichts gehört.«

Solche und ähnliche Erlebnisse zeigten mir, dass ich das Eigentliche im Alten Testament noch gar nicht bemerkt hatte. Aber – wie sollte ich dahin kommen?

Da gab mir bei einem Besuch in Berlin der damalige Generalsekretär des CVJM, Heilmann, ein Buch von Spurgeon: »Alttestamentliche Bilder.« Ich verschlang dies Buch. Eine neue Welt ging mir auf. Nun forschte ich weiter. Ich entdeckte F. W. Krummachers »Blicke in das Reich der Gnade«. Und schließlich fand ich das herrliche Buch von G. D. Krummacher (Erweckungsprediger in Wuppertal): »Die Wanderungen Israels durch die Wüste nach Kanaan.« Die Beschäftigung mit Tersteegen brachte mich an die Schriften der Madame de la Mothe-Guyon.

Bei meiner neuen Lektüre entdeckte ich: Es gab eine stille Strömung in der Christenheit (wir nennen sie »Pietismus«), die allezeit ein geistliches Verständnis des Alten Testaments gepflegt hatte. Ich kann es nicht aussprechen, wie viel ich diesen »Pietisten« verdanke. Von ihnen habe ich die Schrift neu lesen gelernt. Und nun muss ich immer wieder an das Wort des Herrn Jesu denken: »Suchet in der Schrift, denn sie ist's, die von mir zeuget!« In diesem Buch wage ich es, einige Predigten zu bringen, die ich in Essen in den Jahren nach dem Zweiten Weltkrieg gehalten habe. Es wäre mir lieber, man würde meine Lehrmeister lesen. Aber ihre Bücher sind längst vergriffen. So muss der Schüler eben seine sehr viel armseligeren Zeugnisse vorlegen.

Man wende nicht ein, solche Sprache verstehe der moderne Mensch nicht mehr. Die Gottesdienste waren von viel Jugend und auch von gebildeten Leuten besucht. Wichtiger war mir, dass die gläubigen Kinder Gottes hier Nahrung für ihr inneres Leben fanden.

Meine theologisch gebildeten Brüder werden von diesen Predigten sagen: »So geht's nicht!« Sie werden einwenden, man dürfe nicht mit »Allegorie« und »doppeltem Schriftsinn« auslegen.

Da kann ich nur erklären: »Brüder, seht ihr nicht, wie uns das Alte Testament verschlossen ist? Zeigt mir einen besseren Weg! Ich bin überzeugt, dass es dem Heiligen Geist gefallen hat, überall im Alten Testament verborgen das Kreuz Jesu Christi zu bezeugen.«

Dies Kreuz aber ist die lebendige Quelle allen Heils.

Wilhelm Busch

Röcke von Fellen

Und Gott der Herr machte Adam und seinem Weibe Röcke von Fellen und kleidete sie.
1.Mose 3,21

In dem Roman von F. v. Unruh »Der nie verlor« kommt ein Kruzifix vor. Das stand einst an einer französischen Landstraße bei Verdun. Dann brauste der Erste Weltkrieg darüber hin. Und da wurde dies hölzerne Bild Christi verstümmelt. Um das Leidenshaupt hing ein Stück Stacheldraht.
Nun tritt dieses Bild einen langen Weg an. Es kommt zu einem Antiquitätenhändler, der es, vor altem Brokat, im Laden ausstellt. Es gerät in die Hände von Emigranten, die in ihm das zertretene Menschenantlitz sehen. Es wird vor einer kommunistischen Demonstration hergetragen als das Urbild des misshandelten Proletariers. Es steht auf dem Altar einer Kathedrale und wird von Weihrauch umnebelt. Schließlich landet es in der Deutschen Botschaft. Da wirft man's zum Brennholz.
Ja, das ist richtig gesehen. So ist es mit dem Kreuz Christi! Die einen halten es für eine Antiquität, die keine Gegenwartsbedeutung hat.

Den andern ist es ein gewohnheitsmäßiger Kirchenschmuck. Viele sind ergriffen von den rein menschlichen Leidenszügen. Und die meisten werfen es weg.

Für unser Heil aber ist es notwendig, dass wir zu einem biblischen Verständnis des Kreuzes kommen. Und ich bin überzeugt, dass Gott im Alten Testament eine ununterbrochene Erziehung zum Kreuzes-Verständnis gegeben hat. Hier im Anfang der Bibel lehrt Er

Das ABC des Kreuz-Unterrichts

1. Kreuz und Sünde gehören zusammen

Nun muss ich zunächst erklären, in welchem Zusammenhang unser Text steht.

Es liegt ein wundersamer Glanz über der Schöpfungsgeschichte. »Und Gott sah an alles, was er gemacht hatte; und siehe da, es war sehr gut.«

»Und Gott ruhte von seinen Werken.« Im Mittelpunkt all der Weltschönheit wandelt das erste Menschenpaar, strahlend als Ebenbild Gottes.

Wie schön sind diese zwei ersten Kapitel der Bibel! Aber dann kommt der Absturz. Der Mensch sündigt. Und von der Stunde an ist aller Glanz ausgelöscht. Der Adam erschrickt vor sich selber, denn er sieht, dass er nackt ist. Er versteckt sich vor Gott. Aber Gott lässt ihn nicht laufen. Er holt ihn aus seinem Versteck. Und dann werden Adam und Eva ausgewiesen aus dem Paradiese. Die Welt beginnt so zu sein, wie sie heute noch ist.

Doch ehe die Sünder hinaus müssen, ereignet sich noch etwas Ergreifendes: Gott tötet Tiere und bekleidet mit ihren Fellen die beiden, die schamvoll und zitternd vor Gott stehen.

Diese namenlosen Tiere, die Gott tötete, sind eine Abschattung des Lammes Gottes, des gekreuzigten Herrn Jesus.

Welch ein Augenblick, als diese Tiere den Tod erlitten! Da ging ein Wehlaut, ein Stöhnen durch die Schöpfung. Denn es war das allererste Töten und Sterben. Und es zeigte erschreckend an, dass nicht mehr »alles sehr gut war«.

Und als Jesus starb, da ging ein Stöhnen durch die himmlischen Räume. Denn Er, der Sohn, ist der Erste und Einzige aus der himmlischen Welt, der den Tod erlitt.

Bei dem Tod der unschuldigen Tiere, bei diesem allerersten Tod, wurde erschreckend deutlich, welch ein Unheil und welch eine furchtbare Wirklichkeit die Sünde ist. Wenn der Sündenfall nicht gewesen wäre, hätten diese Tiere nicht sterben müssen. Und wenn wir nicht gesündigt hätten, hätte der Sohn Gottes nicht sterben müssen.

Das Kreuz Jesu verkündigt: Die Sünde ist die allerwirklichste Wirklichkeit. Seht, darum machen alle Philosophien, alle politischen Heilslehren und Ideologien immer wieder Bankrott, weil sie diese Wirklichkeit der Sünde nicht anerkennen wollen. Unser aller Sünde ist die Ursache des Kreuzes Christi.

2. »Für mich« wurde das Kreuz aufgerichtet

Das Kreuz Jesu Christi ist die tiefsinnigste und geheimnisvollste Angelegenheit der Weltgeschichte. Es ist wie ein tausendfach verschlungener Knoten, der die verlorene Welt mit dem starken Gott zusammenhält. Kein Mensch wird das Geheimnis des Kreuzes ganz ergründen können.

Aber zu unserer Errettung wird es schon dienen, wenn wir das ganz Einfache verstehen, fassen und glauben, das ich euch jetzt zeigen will:

Mit welch tiefem Erschrecken werden wohl Adam und Eva erlebt haben, wie Gott diese Tiere tötete! Denkt doch – es war das erste Sterben. Und diese beiden, welche die Welt vor dem Sündenfall gekannt hatten, begriffen, welch eine Dissonanz das Sterben in der Schöpfung bedeutet.

Ich versuche, Adams Gedanken in diesem Augenblick zu erfassen. Er erschauert, als er das Töten sieht, und denkt: »Wie schrecklich! Diese Tiere haben doch nichts Böses getan. Ich, ich habe doch gesündigt. Der einzige Grund, dass sie sterben müssen, bin ich. Für mich sterben sie!«

Dies »Für mich!« steht groß über dem Sterben des »Lammes Gottes«. »Es quillt für mich dies teure Blut, / das glaub und fasse ich ...«

Ich kam vor kurzem in ein Heim für Jungbergleute. Kaum hatte ich gesagt, wer ich bin, da wandte sich einer ab mit der Bemerkung: »Ich bin aus der Kirche ausgetreten.« Ich erwiderte: »Das ist mir ganz gleichgültig. Aber das weiß ich, dass Jesus für dich gestorben ist.« Da drehte er sich um und fing an, mir zuzuhören.

Ich kannte eine Frau, die ein schlechtes Verhältnis zu ihrem heranwachsenden Sohn hatte. Und dann fiel dieser Junge im Krieg. Nun geriet die Mutter in eine abgrundtiefe Verzweiflung. Es ging ihr auf, was für eine schlechte Mutter sie gewesen war. »Und ich kann es nie, nie mehr gutmachen«, rief sie immer wieder. Was für ein Augenblick war das, als ich ihr sagen konnte: »Für Sie starb Jesus.«

Ich kenne junge Männer, die sich schrecklich quälen mit dunklen Gebundenheiten. Wie kann ich ihnen helfen? Soll ich sagen: »Sündige ruhig weiter!«? Da sei Gott vor! Soll ich raten: »Ändere dich!«? Nun, das kann keiner. Ich kann nur bezeugen: »Jesus starb für dich! Das fasse du zuerst.«

An einem nebligen Tag war ich einst am Genfer See. Dann plötzlich verzogen sich die Nebel. Und eine unbeschreibliche Herrlichkeit enthüllte sich: der blaue See und dahinter die Montblanc-Kette. So ist es, wenn die Nebel, die das ungläubige Herz umgeben haben, fallen, und ich das Kreuz so sehe: »Für mich!« Da strömt Gottes Herrlichkeit in mein Leben.

3. Ohne Kreuz keine Bekleidung vor Gott

In großer Beschämung standen Adam und Eva vor Gott. In solcher entsetzlichen Nacktheit, wo nichts mehr, kein böser Gedanke, verborgen werden kann, muss jeder Mensch einmal vor Gott stehen. Wer vor Ihm flieht bis zum Jüngsten Tag, wird es dann erleben. Wer sich jetzt den Augen Gottes stellt, macht es jetzt durch. Da versteht man Luthers Vers: »… es war kein Gut's am Leben mein …«

Nun ist es fast rührend, wie Gott selber dem beschämten Adam hilft. Wirklich, da ist Er der

»liebe Gott«. Er sorgt als rechter Vater für die bedeckende Bekleidung. Und Er nimmt dazu die Felle der unschuldig getöteten Tiere.

Mit dem Tod des Lammes Gottes hat Gott auch für uns eine Bekleidung gewirkt, die alle Scham wegnimmt und uns zu freudigen Kindern Gottes macht. Immer wieder sagt die Bibel, dass Jesu Gerechtigkeit unser Gewand sein soll. Dass doch viele von uns mit Zinzendorf sprechen könnten: »Christi Blut und Gerechtigkeit, / das ist mein Schmuck und Ehrenkleid.«

An der Schwelle des Paradieses

Und Gott der Herr machte Adam und seinem Weibe Röcke von Fellen und kleidete sie.
1.Mose 3,21

Vor kurzem bekam ich einen Brief aus Berlin. Darin schreibt ein mir unbekannter junger Mann: »Seit Mitte November bin ich zurück aus russischer Gefangenschaft. In unser Lager gelangte ein Exemplar Ihres Schriftchens ›Wie kann Gott das alles zulassen?‹. Wir haben diese Schrift eingehend besprochen. Und sie ging so lange von Hand zu Hand, bis sie sich ganz auflöste. Jeder wollte sie lesen. Denn sie warf eine Frage auf, die viele beschäftigte ...«

Was sagt denn die Bibel? Sie berichtet, dass die Welt sehr gut war, als Gott sie schuf. Aber dann wurde alles anders durch den Sündenfall. Der Mensch wählte seinen eigenen Weg. Deshalb verfluchte Gott den Acker der Welt und trieb den Menschen aus dem Paradies. Nun leben wir in der gefallenen Welt.

Aber als Gott den Menschen austrieb, geschah auf der Schwelle des Paradieses etwas sehr Wichtiges. Das wollen wir betrachten.

Was auf der Schwelle des Paradieses geschah

1. Da zeigt sich unser Unvermögen

Es ist ein ergreifendes Bild: Adam und Eva stehen in erbärmlicher Nacktheit, in Scham und Schande vor den heiligen Augen Gottes.
Sie haben sich selber helfen wollen, indem sie sich aus Blättern Schürzen flochten. Aber diese kümmerliche Bekleidung war nur lächerlich und reichte in keiner Weise aus.
Hier wird uns deutlich, was wir brauchen: eine Bedeckung, ein Gewand. Wir müssen allerdings verstehen, dass es sich dabei um geistliche Dinge handelt.
Das ist der erschreckendste Augenblick im Leben eines Menschen, wenn er entdeckt, wie er vor Gottes Augen aussieht. Wir sind ungehorsame Sünder – wie Adam und Eva. Und wir wissen ganz genau, dass wir eine Bedeckung unserer Blöße und Schande brauchen. Da macht es der Mensch wie Adam: Er macht sich selber eine armselige Schürze. Solche kümmerlichen Feigenblätter sind alle Ausdrücke unserer Selbstgerechtigkeit. O wie kennen wir diese Blätter! »Ich tue recht und scheue niemand!« Oder: »Mir kann doch keiner was nachsagen!« Oder: »Ich habe immer meine Pflicht getan!« Oder: »So gut wie andere bin ich bestimmt!«

Wollen wir wirklich mit dieser armseligen Bekleidung vor den Flammenaugen Gottes bestehen? »Der im Himmel sitzt, lacht ihrer«, das gilt auch hier.

Wir brauchen notwendig ein Kleid der Gerechtigkeit, das Gott selber uns anlegt und schenkt: Das ist die Gerechtigkeit Jesu Christi.

2. Was da geschieht, ist schrecklich und herrlich

Es ist mir in meiner Seelsorge immer wieder eine betrübliche Erfahrung, wie wenig wir Menschen dafür Verständnis haben und wie wenig wir ein Verlangen verspüren nach diesem Kleid der Gerechtigkeit, das Gott den Sündern in ihrer Blöße schenken will. Wir wollen ganz andre Dinge von Gott. Das ging mir am meisten auf bei meinen Besuchen im Krankenhaus. Wenn ich da ins Zimmer trat, empfing mich bestimmt einer der Kranken mit den Worten: »Na, haben Sie auch Zigaretten mitgebracht oder Schnaps?«

So sind wir im Grunde alle. Fragt euch doch einmal, was ihr von Gott wollt! Gesundheit oder Gelingen im Alltagsgeschäft oder Geld oder Trost. Aber wenn vom »Kleid der Gerechtigkeit« die Rede ist, dann haben wir gleich das Gefühl: Ach, das sind so dogmatische Sachen, die nur ein Theologe versteht. Diese Prediger sollten mehr praktisch predigen!

Wir sind wie jener Junge, der sich zu Weihnachten ein Fahrrad wünschte. Die sehr armen Eltern aber sahen seine zerrissenen Hosen an und schenkten ihm einen Anzug. Nun war er sehr verdrießlich: »Ich will doch ein Fahrrad!« Die Mutter wendete ein. »Aber du brauchst doch einen Anzug.« Hartnäckig blieb er dabei: »Ich will das Fahrrad.«

Wollen wir nicht auf Gott hören, der uns sagt: »Du Sünder brauchst nichts nötiger als eine Bedeckung, ein Kleid der Gerechtigkeit«? Wie muss uns das erst wichtig werden, wenn wir sehen, wie kostbar dies Gewand ist! Als Gott den Adam kleidete, da tötete Er fremdes Leben – dem Adam zugute. Wie mag dem Gott, der das Leben und die Quelle alles Lebens ist, das Herz geblutet haben, als Er töten musste! Zum ersten Male floss in der Schöpfung Blut!

Gott hat noch viel schrecklicher getötet, als Er uns Sündern ein Gewand beschaffen wollte: Er hat Seinen eingeborenen Sohn getötet. So viel hat Gott es sich kosten lassen, um uns ein Kleid der Gerechtigkeit zu verschaffen. So gewaltig hat Gott die Welt geliebt, dass Er Seinen eingeborenen Sohn gab, auf dass alle, die an den glauben, im Glauben in Gerechtigkeit gekleidet und Erben des ewigen Lebens seien.

Blut wurde vergossen, kostbares Blut, damit geschrieben werden kann: »Das Blut Jesu Christi, des Sohnes Gottes, macht uns rein von aller Sünde.« Das ist das Kleid der Gerechtigkeit.

3. Es soll sich in unserem Leben wiederholen

Sehen wir uns doch einmal Adam und Eva an! Da naht sich der heilige Gott, der eben so hart über ihre Sünde gerichtet hat. Und in Seinen erbarmenden Händen bringt Er die neuen Kleider.

Wie reagieren die beiden darauf? Es wird nicht viel gesagt. Aber ich glaube, es gingen ihnen die Augen über; genauso wie jedem Sünder, der sich von Gott verurteilt und gerichtet weiß, die Augen übergehen beim Anblick des gekreuzigten Sohnes Gottes.

Und dann haben Adam und Eva die Gewänder angelegt und haben gewiss dem barmherzigen Vater gedankt.

Einen anderen Weg weiß ich auch für uns nicht. Was sollen wir tun?

Wir sollen uns dem verurteilenden Richtspruch Gottes über unser Leben in Sünde und Gottlosigkeit stellen. Dann dürfen wir ohne langes

Zieren im Glauben das Gewand der Gerechtigkeit anlegen, das Jesus uns durch Sein Sterben erworben hat. Und dann einfach danken! Annehmen und danken! Das ist es!

Wie wünschte ich es, dass wir nicht länger solche wären, die sich mit dem Christentum herumquälen! Dass wir doch Leute würden, die mit Jesaja jubelnd bekennen: »Ich freue mich im Herrn ... denn er hat mich angezogen mit Kleidern des Heils und mit dem Rock der Gerechtigkeit gekleidet.«

Abel

Und es begab sich, da sie auf dem Felde waren, erhob sich Kain wider seinen Bruder Abel und schlug ihn tot.
1.Mose 4,8b

Man hat mich gewarnt: »Die alttestamentlichen Vorbilder des Kreuzes Christi interessieren den modernen Menschen nicht.« Nun, dann muss ich das tragen! Um so mehr hoffe ich, dass geistlich gerichtete Menschen einen Gewinn davon haben.
Im Alten Testament lebt Christus. So ist das Erleben vieler Personen dieses Buches ein heimlicher Hinweis auf Seinen Tod am Kreuz. Das will ich heute an Abel zeigen.

Der getötete Gottesknecht

1. Sein Tod ist das Wichtigste, was von ihm zu sagen ist

Das erste Menschenpaar hat gesündigt und ist aus dem Paradies vertrieben worden. Adam baut seinen Acker im Schweiße seines Angesichts. Eine große Kinderschar (1.Mose 5,4) umgibt ihn. Aber nur von Zweien wird uns etwas berichtet: von Kain und Abel.

Welch ein Gegensatz zwischen diesen Brüdern: Abel – ein stiller Knecht Gottes. Wir hören kein Wort aus seinem Munde. Nur von einer stillen Opferhandlung wird uns erzählt.

Kain – ein roher Mensch, der sich verschließt gegen alles Anklopfen Gottes an seinem Herzen. In ihm lebt ein abgrundtiefer Hass gegen Abel. Und eines Tages schlägt er ihn tot.

Himmel und Erde halten den Atem an: Der erste Mensch, der den Tod erleidet, ist ein Erschlagener, ein Ermordeter!

Jahrtausende vergehen. Und wieder wird einer ermordet: »Jesus neigte sein Haupt und verschied.« Wieder halten Himmel und Erde den Atem an. Denn der da am Kreuz stirbt, ist auch ein Erster: der Erste dem Rang nach. Er ist der, durch den Gott Himmel und Erde geschaffen hat, der eingeborene Sohn Gottes. Er wird gewaltsam getötet.

Nun ist es mir bei den Berichten über Abel aufgefallen, dass nicht viel anderes von ihm erzählt wird als sein Tod. Wie gerne möchte ich manches wissen aus seinem frommen Leben! Aber nur sein Tod ist der Bibel wichtig. Das ist mir ein klarer Hinweis auf Jesus. Sein Sterben ist das Wichtigste. Vor einiger Zeit hat ein bedeutender Mann gesagt: »Man soll uns doch nicht immer vom Kreuzestod Jesu reden.

Viel wichtiger ist das Leben Jesu, Seine Reden und Taten.«

Die Bibel ist anderer Ansicht. Achtet einmal darauf, welch unverhältnismäßig großen Raum in den Evangelien der Tod Jesu einnimmt! Während alles andere nur wie im Flug erzählt wird, wird das Sterben des Heilandes ganz ausführlich berichtet. Ja, als in der Offenbarung der Apostel Johannes den erhöhten Herrn schauen durfte, sah er Ihn »wie ein Lamm, das erwürgt ist«. Und bei der Schilderung Seiner Wiederkunft wird gesagt, dass »Sein Kleid mit Blut besprengt ist«.

Jesu Kreuz und Tod ist vor allem wichtig. Denn dieser Tod ist die Versöhnung der Sünder mit Gott. Dieser Tod ist unser Leben. Dieser Tod ist unser Loskauf. Vom Kreuz Jesu gehen Ströme des Friedens aus. Ich wüsste nicht, was tröstlicher wäre für Herz und Gewissen als ein Blick auf Jesu Kreuz.

2. Das Blut gibt keine Ruhe

Wie viel Leichen Erschlagener haben auf dem Erdboden gelegen! Das Blut von Millionen hat die Erde getrunken. Ist es da nicht merkwürdig, dass darüber dieser erste Erschlagene nicht in Vergessenheit geriet? Jahrtausende waren nach seinem Tod vergangen. Da fing

Jesus an, von ihm zu sprechen. Und wieder nach Jahrzehnten wird dieser Abel erwähnt von dem unbekannten Schreiber des Hebräerbriefes. Bis in die Gegenwart hinein wird von ihm geredet. Kann denn dies Blut nicht zur Ruhe kommen?

Nein! Gleich nach der Tat hat Gott den Kain gestellt und hat ihm etwas Seltsames gesagt: »Die Stimme des Blutes deines Bruders schreit zu mir von der Erde.« Und ebenso heißt es im Hebräerbrief, dass das Blut Abels »rede«.

Blut, das redet! Blut, das schreit! Blut, das zeugt!

Der Schreiber des Hebräerbriefes schaut an dieser Stelle (12,24) hinüber zum Kreuz Jesu und sagt: Auch das Blut des Sohnes Gottes, das am Kreuz vergossen wurde, redet. Ja, hier steht etwas, was überaus tröstlich ist. Da heißt es: »Das Blut Jesu redet besser als das Blut Abels.« Seine Sprache ist lauter, eindrücklicher, stärker.

Und das ist gut.

Was schreit denn Abels Blut? Es schreit: »Strafe! Rache! Vergeltung!« Und so schreit alles vergossene Blut auf der Erde.

Und was redet Jesu Blut? Es schreit: »Gnade!« Welch eine herrliche Tatsache! Sooft mein Gewissen mir bezeugt, dass ich vor dem heiligen

Gott nicht bestehen kann, flüchte ich mich im Glauben unter Jesu Kreuz. Da ruft Sein Blut »Gnade!« für mich. Und es schreit so, dass Gott die Ohren davor nicht verstopfen kann. Wie ist es gut, dass auch Jesu Blut nicht zur Ruhe kommt! Dass es heute noch ebenso »Gnade!« schreit wie zu der Zeit, als Johannes schrieb: »Das Blut Jesu Christi, des Sohnes Gottes, macht uns rein von aller Sünde.« Da brauche ich nur das Bekenntnis zu bringen: »Ich bin nichts als ein Sünder.« Das Blut Jesu Christi vertritt mich völlig.

Dies redende Blut ist ein großes Geheimnis. Die Welt meint, es sei in den Sand von Golgatha geronnen. Sie hört es nicht, so wie Kain auch die Stimme von Abels Blut nicht hörte. Die Welt ist betäubt von ihrem eigenen Lärm. Vor Gott aber ist der Weltlärm gering. Doch laut schreit vor Seinem Thron Jesu Blut »Gnade!« für alle, die es annehmen. Ja, für alle Welt!

3. Der Hass kommt nicht zur Ruhe

Als Kain seinen Bruder erschlagen hatte, trat ihm Gott in den Weg: »Wo ist dein Bruder Abel?« Da gibt Kain eine Antwort, die zeigt: Er will auch mit dem toten Abel nichts zu schaffen haben. Er will nicht an ihn erinnert werden. Sein Hass geht weiter.

Ist es nicht so mit Jesus? Nichts ist dem natürlichen Wesen des Menschen verhasster als das Kreuz Christi. Religion will der Mensch wohl noch gelten lassen. Aber nicht das Kreuz des Sohnes Gottes. Am liebsten möchte er darüber zur Tagesordnung übergehen.

Kain hasst auch den toten Abel. Und der Geist der Welt hasst den gekreuzigten Christus. – Als ich in den zwanziger Jahren im Norden Essens Pfarrer war, hielt ich in einem kleinen Kreis meine Bezirksbibelstunde, die immer wieder gestört wurde. Es war, als ob die kleine Schar, die sich um Jesu Kreuz sammelte, das ganze Viertel in Unruhe brächte. Eines Tages war es besonders toll. Ganze Horden von Männern tobten vor unserm Sälchen, bis man plötzlich einen schweren Fall hörte. Dann lief alles fort. Ich stürmte hinaus. Da lag vor der Tür im Schmutz ein großes, eisernes Kruzifix. Das hatten sie irgendwo ausgerissen und uns hingeworfen. O wie dies Kreuzesbild im Schmutz redete von Kains Hass gegen Jesus!

Der Kampf zwischen Kain und Abel geht mitten durch unser Herz. Der Abel-Geist in uns sagt: »In meines Herzens Grunde / dein Nam und Kreuz allein / funkelt all Zeit und Stunde ...« Der Kains-Geist in uns aber will andre Bilder im Herzen funkeln sehen. Er will von

dem toten Abel, dem gekreuzigten Heiland, nichts wissen.
Der Herr schenke uns, dass der Kains-Geist in uns ganz vertrieben werde!

Die Arche

Da ging Noah in den Kasten ... und der Herr schloss hinter ihm zu.
1.Mose 7,13.16

Die Bibel ist einer gewaltigen Symphonie zu vergleichen, in der eine reiche Tonfülle ein einfaches Thema umgibt. Schon gleich am Anfang der Bibel wird dies Thema angeschlagen. Die Geschichte von der Sintflut beginnt mit der Feststellung: »Gott sprach: Die Menschen wollen sich von meinem Geist nicht mehr strafen lassen ... Darum ist alles Fleisches Ende bei mir beschlossen.«

Das ist der eine Ton: Gottes Zorn und Gericht. Nun würde man ja erwarten, dass nach dieser Ankündigung die Gerichte hereinbrechen. Aber es kommt ganz anders: Ausführlich trifft Gott Anstalten zur Errettung des Noah und der Seinigen. Er lässt den Noah einen riesigen Kasten bauen, eine Art von ungefügem Schiff. Wir nennen es die Arche.

Und das ist der andere Ton des Themas: die Errettung.

Vom Anfang bis zum Schluss geht dies Thema durch die Bibel: Gericht und Errettung. Wenn ihr die letzten Kapitel der Bibel aufschlagt, findet ihr eine schreckliche Schilderung vom Ende dieses Erdzeitalters. Mitten hinein aber klingen die Lobgesänge der Erretteten. Was war die Arche, durch die sie errettet wurden? Das Kreuz von Golgatha. So ist die Arche ein Vorbild auf das Kreuz. Und wir bekommen Licht über Jesu Kreuz, wenn wir die Arche betrachten.

Die Rettungs-Arche

1. Das Unzeitgemäße der Arche

Im Geist habe ich den Noah gesehen, wie er mitten auf der Steppe die Arche baute. Neugierig kamen die Leute und fragten verwundert: »Wozu baust du das?« Antwort: »Zur Errettung vor Gottes Gericht.«

Da lächelten die Leute mitleidig. Man lebte doch in einer fortgeschrittenen Welt, wo solche primitiven Vorstellungen wie »Gericht Gottes« längst überwunden waren! »Ja, früher«, so hieß es, »haben die Menschen so etwas gefürchtet. Aber nun haben wir doch so gereinigte Gottesvorstellungen, dass uns das komisch vorkommt.«

Die Arche erschien also als eine Errettung vor einer Gefahr, die gar nicht vorhanden war. Sie war darum völlig unzeitgemäß.

So steht es mit dem Kreuz Christi. Was soll die Errettung im Kreuz zu einer Zeit, wo man Gott gar nicht mehr fürchtet und über die »primitive Vorstellung« vom Zorn Gottes erhaben ist?

Da werde ich gefragt: »Das Kreuz ist Errettung? Rettet es Sie vor Atombomben? Vor Hunger? Vor Kälte?« – »Nein! Es rettet mich vor den Folgen meiner Sündenschuld, vor der Hölle, vor dem Teufel, vor dem Zorn Gottes.«

Nun lächelt der moderne Mensch mitleidig und denkt: »Das sind ja alles eingebildete Gefahren.« Ja, wenn der Zorn Gottes eine eingebildete Gefahr ist, dann ist allerdings die Botschaft vom Kreuz unzeitgemäß wie die Arche des Noah.

Über der Kanzel der zerstörten Marktkirche in Essen stand in Goldbuchstaben das Bibelwort: »Predige zur Zeit und zur Unzeit.« Wie oft habe ich bei diesem Wort denken müssen: Es ist immer Unzeit für die Predigt von der Rettungs-Arche, weil die Menschen zu allen Zeiten den Zorn Gottes für eine eingebildete Gefahr halten.

Ihr kennt doch Dürers berühmten Kupferstich, auf dem man einen Ritter furchtlos zwischen zwei schrecklichen Gestalten, Tod und Teufel, daherreiten sieht. Als ich kürzlich das Bild be-

trachtete, dachte ich: Es gibt noch eine andere Gestalt, die furchtlos zwischen Tod und Teufel wandert – nämlich ein blinder Narr. Der würde sagen: »Ich sehe keine Gefahr.«
So blinde Narren waren die Menschen zu Noahs Zeit. Und sie sind es bis heute geblieben. Darum wird die Botschaft von der Rettungs-Arche des Kreuzes immer unzeitgemäß sein.

2. Die Sicherheit der Arche

Mit lapidaren Sätzen schildert nun die Bibel den Beginn der Sintflut: »Da brachen alle Brunnen der großen Tiefe auf, und es taten sich auf die Fenster des Himmels ... Und das Gewässer nahm überhand und wuchs so sehr auf Erden, dass alle hohen Berge unter dem ganzen Himmel bedeckt wurden ... Da ging alles Fleisch unter ... Und das Gewässer stand auf Erden 150 Tage.« Welch eine schreckliche Stille nach den grauenvollen Ereignissen!
Durch diese Stille schwebt die Arche. Sie allein birgt noch Leben. Nur ein paar Zentimeter Holz trennen die Menschen darin von dem Verderben. Aber – sie sind sicher geborgen.
Welch herrliches Gleichnis für das Kreuz des Heilandes! Wer sich durch Gottes Gebot von seinem verlorenen und bösen Herzenszustand überführen lässt, wer nun nichts mehr zu sei-

ner Entschuldigung sagt, sich vielmehr vor Gott ganz und gar schuldig gibt – wer aber dann im Gehorsam des Glaubens Jesus, den Gekreuzigten, annimmt als den Versöhner, wer an Ihn glaubt als den, der Sünder gerecht spricht, – kurz: wer diesen von Gott selbst verordneten Heilsweg in der Wahrheit geht, der ist in die Arche aufgenommen. Der ist geborgen im Frieden mit Gott. Der weiß sich gerettet vor dem Zorngericht Gottes. Und er singt mit dem 46. Psalm: »Wenngleich die Welt unterginge und die Berge mitten ins Meer sänken, ... dennoch soll die Stadt Gottes fein lustig bleiben ...«

Ja, die Welt wird untergehen in Gottes Gericht. Sie wird ertrinken im Meer ihrer Schuld und verbrennen in den Flammen des Zorns. Aber von der Stadt Gottes heißt es Jesaja 33: »Das Volk, das darin wohnt, wird Vergebung der Sünden haben.« Welch sichere Arche bietet Gott uns an im Kreuz!

3. Der Entscheidungs-Charakter der Arche

»Da ging Noah in die Arche ...« Und nun folgt ein seltsames Sätzchen: »... und der Herr schloss hinter ihm zu.«

Was heißt denn das? Nun machte Gott selbst einen Unterschied zwischen drinnen und draußen. Noah war gerettet und konnte nicht mehr heraus. Und die andern waren verloren, und die Arche konnte sie nicht mehr aufnehmen.

»Gott schloss hinter ihm zu.« Das gibt es auch bei der neutestamentlichen Kreuzesarche. Irgendwann müssen wir uns einmal klar für den Herrn entscheiden. Das ist unser Schritt. Aber selige Stunde, wenn dann Gott Seinen Schritt tut und zuschließt. Paulus drückt das so aus: »Der Geist gibt Zeugnis unserm Geist, dass wir Gottes Kinder sind.« Die Bibel nennt das »Versiegelung mit dem Heiligen Geist«. Da ist man seines Heils gewiss. Da erlebt man wohl noch Kämpfe, Niederlagen und Nöte. Aber – man kann nicht mehr herausfallen aus dem Heil.

»Gott schloss hinter ihm zu.« Das heißt aber weiter: Die draußen konnten auch nicht mehr hinein. Vielleicht waren da Bekannte des Noah. Als die Sintflut losbrach, erinnerten sie sich seiner, nahmen einen Kahn und klopften an der Arche an. Aber die blieb verschlossen, und der Sturm riss den Kahn in die Tiefe. Es rettet uns einmal nicht die Bekanntschaft mit Christen. Wir müssen selbst in der Arche geborgen sein.

Und da waren wohl auch Leute, die hatten an

der Arche mitgebaut. O, wie mögen sie angeklopft haben! Aber sie kamen um. Man kann als Pfarrer und Mithelfer in der Arbeit des Reiches Gottes am Bau der Arche beteiligt gewesen sein – und geht doch verloren, weil man selbst die Rettung nicht angenommen hat.

Als die Sintflut hereinbrach, war die Arche plötzlich nicht mehr unzeitgemäß. Und wer weise ist, der weiß, dass es heute nichts Wichtigeres gibt als Jesu Sterben für uns.

Darum freue ich mich, zum Schluss sagen zu dürfen: Die Rettungs-Arche im Kreuz Jesu steht für uns alle heute offen.

Melchisedek

Aber Melchisedek, der König von Salem, trug Brot und Wein hervor. Und er war ein Priester Gottes des Höchsten. Und er segnete den Abram.«
1.Mose 14,18-29a

Diese Predigt beginne ich mit widersprechenden Gefühlen. Ich bin voll großer Freude, weil wir hier eine so herrliche und tiefsinnige Geschichte des Alten Testaments vor uns haben. Sie hat auch die Psalmdichter und den Schreiber des Hebräerbriefes nicht losgelassen. Zugleich aber bedrückt es mich, dass sie nicht allgemein verständlich ist, sondern dass dies eine Geschichte nur für Christenleute ist, für wirkliche Streiter des Herrn, für solche, die in den »Fußtapfen des Glaubens des Vaters Abraham« wandeln.

Vor kurzem wollte ich am Jungfernstieg in Hamburg in ein großes Hotel gehen. Doch da las ich am Eingang ein Schild: »Nur für englische Offiziere.« – So steht gleichsam über unsrer Geschichte: »Nur für solche, die Jesus angehören.«

Wir überschreiben den Text:

Jesus und seine müden Streiter

1. Das Kampfgetümmel

Der Gottesmann Abraham liebte die Stille. Aber es ging ihm wie den Knechten Gottes zu allen Zeiten: Immer wieder wurde er aus der Stille herausgerissen.

Da kam eines Tages ein schweißbedeckter Bote angestürzt: »Feinde haben die Stadt Sodom überfallen, alles geraubt und die Bewohner als Sklaven mitgenommen. Auch dein Neffe Lot ist verschleppt!«

Armer Abraham! Es gibt in dieser Welt keine Ruhe für die Streiter des Herrn. Abraham weiß das. Darum rüstet er sofort 318 Knechte und zieht mit ihnen los, Lot zu befreien.

Es muss jedem auffallen, dass Abraham so viele Waffen zur Hand hatte und dass er so schnell gerüstet war.

Das ist ein gutes Bild für die Streiter des Herrn: Sie lieben die Stille, aber sie wissen auch: »Wir sind im Kampfe Tag und Nacht …« Ja, sie sind im Kampfe Tag und Nacht! Der Alltag bedrückt die Kinder Gottes genauso wie die Weltmenschen. Wenn auch die Streiter des Herrn im Gebet herrliche Durchhilfe erfahren dürfen, so gefällt es dem Herrn doch oft, sie gerade in äußeren Dingen durch besondere

Nöte und Stürme zu führen. Es bleibt ihnen von den Kämpfen und Sorgen dieser Welt nichts erspart.

Aber sie haben einen noch härteren Kampf zu führen, nämlich den Kampf gegen das eigene Herz, gegen Fleisch und Blut. Wer dem Herrn Jesus, seinem Erlöser, angehört, der möchte Ihm ganz gehören, der will dem Geist Gottes gehorsam werden. Fleisch und Blut aber stehen gegen den Heiligen Geist. Unser Herz will uns bald zur Selbstgerechtigkeit und zum Hochmut verführen, bald will es uns auf die breiten Sündenstraßen der Welt locken. Da muss ein Christenherz den Kampf aufnehmen und es lernen, »mit Christus gekreuzigt sein«. Da fleht man um Seine Hilfe: »Herr Jesus, halte die Nägel fest, mit denen mein alter Mensch mit Dir gekreuzigt ist!« Es gibt im Alten Testament eine sehr lehrreiche Geschichte, in der uns erzählt wird, dass Israel das Land Kanaan einnahm und die heidnischen Kanaaniter vertrieb. Aber es wurden nicht alle Ureinwohner verjagt. Wir lesen im Richterbuch: »Der Herr ließ die Heiden bleiben, auf dass die Geschlechter der Kinder Israel streiten lernten.«

So lässt der Herr, solange wir leben, unsre alte, widergöttliche und ungeistliche Natur rumoren, damit wir streiten lernen.

Aber mit all dem ist die ganze Schwere des Kampfgetümmels, in das ein Streiter Jesu gestellt wird, noch nicht ausgesprochen. Der Apostel Paulus sagt im Epheserbrief, dass wir nicht mit Fleisch und Blut allein, sondern mit den Mächten der Finsternis zu kämpfen haben. Christen wissen etwas von der heimlichen Macht Satans. Und darum halten sie es wie Abraham, der seine Waffenrüstung immer bereit hatte. Sie legen den Schild des Glaubens und das Schwert des Wortes Gottes nicht aus der Hand.

2. Eine herrliche Begegnung

Abraham hat mit seinen 318 Knechten in der Nacht die Feinde überfallen, sie besiegt und seinen Neffen Lot befreit. Er ist ein müder Mann, als die Sonne aufgeht. Stellen wir uns einmal vor, was es für den Alten bedeutet: der Marsch, die geopferte Nachtruhe, der heiße Kampf in der Dunkelheit!

Nun kommt er ermattet aus dem Kampf. Da tritt ihm eine geheimnisvolle Person entgegen: Melchisedek, der König von Salem. Melchisedek heißt auf deutsch: König der Gerechtigkeit. Und Salem heißt: Frieden. Der Hebräerbrief sagt uns deutlich, dass dieser König der Gerechtigkeit in dem Reich des Friedens Jesus ist. Der Sohn Gottes, der – als die Zeit erfüllt war – Fleisch und Blut annahm und unser Bruder wurde, war vordem von Ewigkeit her beim Vater. Er selbst tritt dem Abraham entgegen.

Nicht anders geht es heute zu. Er selbst, der König des Friedens, macht sich auf, Seine müden und ermatteten Streiter zu stärken. Sein Reich ist wirklich ein Reich des Friedens. Dieser Friede geht über alles Begreifen. Die Bibel sagt: Er ist »höher als alle Vernunft«.

Es hat noch selten so viel nervöse, zerrüttete, angeschlagene Leute gegeben wie heute. Unser Kopf gleicht einem Radio. Wenn man das andreht, ertönt alles wild durcheinander: Tanzmusik, Gottesdienst, Politik, Karnevalsschlager. Jawohl, so ist auch unser zerquälter Kopf. Und wir können uns nicht vor uns selber retten. Aber nun tritt Jesus zu uns, und da heißt es: »Ach mein Herr Jesu, dein Nahesein / bringt großen Frieden ins Herz hinein ...«

Die Bibel berichtet nicht viel über die Begegnung zwischen Abraham und Melchisedek. Aber wir spüren zwischen den Zeilen, welch eine unsagbare Erquickung diese Begegnung für Abraham bedeutete. Ich habe in meinem Bücherschrank eine Menge Lebensbeschreibungen von großen und kleinen Kindern Gottes. Es ist wohl keine darunter, die nicht von solchen Erquickungsstunden nach heißem Kampf äußerer und innerer Anfechtung berichten kann.

»… und Melchisedek segnete den Abraham.« So segnete Jesus Seine Jünger, ehe Er gen Himmel fuhr, nach all den Stürmen des Karfreitag. Diesen Segen wünscht Paulus den verfolgten Christen hin und her im Lande. Den durfte er auch selbst erfahren, als er im Gefängnis in Rom schrieb: »… der uns gesegnet hat mit allerlei geistlichem Segen in himmlischen Gütern.«

3. Die Gaben des Melchisedek

In unserer Geschichte heißt es: »Er trug Brot und Wein hervor.« Das ist seltsam und muss uns geradezu befremden. Wenn es sich bei dem Melchisedek um irgendeinen der eingeborenen Fürsten gehandelt hätte, dann hätte er ganz bestimmt nicht Brot und Wein hervorgebracht, sondern erst einmal ein paar fette Hammel. So pflegte man nämlich damals seine Gäste zu bewirten. Vielleicht hätte man auch einen Ochsen an den Spieß gesteckt.

Dass Melchisedek Brot und Wein brachte, um den Abraham zu erquicken, gibt den Streitern Jesu Christi einen wichtigen Hinweis. »Brot und Wein« – das kommt in der Bibel noch einmal vor, und zwar in der Geschichte von der Einsetzung des Abendmahles: »Jesus nahm das Brot, brach's, gab's seinen Jüngern und sprach: Nehmet hin und esset. Das ist mein Leib, der für euch gegeben wird.« Das Brot, das gebrochen wird, ist der Hinweis auf den Leib Jesu Christi, der für uns in den Tod gegeben wurde zur Versöhnung der Sünder mit Gott. »Desgleichen nahm er auch den Kelch, dankte, gab ihnen den und sprach: Nehmet hin und trinket alle daraus. Das ist der Kelch des neuen Bundes mit Gott in meinem Blut, das für euch und für viele vergossen wird zur Vergebung der Sünden.« Der Wein deutet auf das Blut Jesu Christi hin, das am Kreuze auf Golgatha vergossen wurde. Es ist mächtig, dies Blut! Denn von ihm sagt Gottes Wort: »Das Blut Jesu Christi, des Sohnes Gottes, macht uns rein von aller Sünde.«

Hier wird nun deutlich gesagt, wodurch der Herr Seine müden Streiter erquickt: durch das Wort von der Versöhnung, durch das Blut, das Vergebung der Sünden schenkt. Es gibt keine stärkere Erquickung für Kinder Gottes als den Blick auf das Kreuz Jesu, in dem uns all dies gegeben wird. Von ihm steht im 34. Psalm: »Welche auf ihn sehen (wie Er für uns am Kreuze hängt), die werden erquickt.«

Morija

Und Gott sprach zu Abraham: Nimm Isaak, deinen einzigen Sohn, den du lieb hast, und gehe hin in das Land Morija und opfere ihn daselbst zum Brandopfer auf einem Berge, den ich dir sagen werde.
1.Mose 22,2

Manchmal packt mich die Angst, Gott und wir könnten aneinander vorbeireden. Wir schreien unsre Not zu Gott, dass Er uns helfe. Aber Gottes Wort antwortet: »Ich habe euch Heil gegeben in Jesus. In Ihm ist euch geholfen. Wie unter euren heidnischen Vorfahren das Kreuz aufgerichtet wurde, so muss es bei euch wieder geschehen.« – Darauf antworten wir: »Ach nein, nicht das Kreuz! Wir brauchen Geld und Wohnungen und Gesundheit.« Gottes Wort aber sagt: »Es ist in keinem andern Heil als in Christus, dem Gekreuzigten.« Ob nicht alle unsre Heil-Losigkeit daher kommt, dass das Kreuz nicht in unsern Herzen aufgerichtet ist?

Darum wollen wir uns mühen um das Verständnis des Kreuzes Christi, weil wir glauben, dass das notwendig ist, d. h. dass es die Not wendet.

Der geopferte Sohn

1. Also hat Abraham Gott geliebt, dass er seinen Sohn gab

Da fordert Gott eines Tages von Abraham: »Nimm Isaak, deinen einzigen Sohn, den du lieb hast, und gehe hin in das Land Morija und opfere ihn daselbst zum Brandopfer auf einem Berg, den ich dir sagen werde.«

Die Bibel gibt nun keine psychologische Darstellung des Seelenschmerzes. Sie berichtet nur: »Da machte sich Abraham frühe auf ...« Wir sehen ihn schweigend ins Land Morija ziehen, begleitet von seinem Sohn und einem Knecht, der den Esel führt. Und der Esel trägt nicht nur den Proviant, sondern auch das Holz zum Opfer.

Als sie an dem Fuß des geheimnisvollen Berges angelangt sind, lässt Abraham den Knecht mit dem Esel zurück, legt das Holz auf den Sohn, nimmt das Messer und das Feuer. Und dann gehen sie miteinander.

Welch ein Weg! Einmal unterbricht der Sohn das Schweigen: »Mein Vater! Hier ist Feuer und Holz. Aber wo ist das Schaf zum Brandopfer?« Was geht wohl in Abrahams Seele vor, als er antwortet: »Gott wird sich ein Opfer ersehen«, – und als sie dann miteinander den Steinaltar bauen, – und als er seinen Sohn bindet?

Das war ja ein besonderer Sohn. Gott hatte ihn verheißen, als Abraham noch jung war. Und ein langes Leben hindurch hatte Abraham auf diesen Sohn gewartet. Mit ihm sein Weib Sara. Doch erst, als sie alt waren und die Vernunft nicht mehr hoffte, da hatte ihnen Gott den Sohn gegeben. Ganz besondere Verheißungen ruhten auf ihm.

Und nun ist Abraham bereit, ihn zu opfern, als Gott ihn fordert. Wie muss er Gott lieb haben! Wir fordern nur immer etwas von Gott: Hilfe, Erlösung, Trost, Gaben. Und auch Rechenschaft verlangen wir von Gott, wenn Er tut, was wir nicht begreifen.

Abraham aber ist bereit, sein Liebstes zu opfern. Was für eine unermessliche Liebe zu Gott muss das sein!

2. Also hat Gott die Welt geliebt, dass Er Seinen eingeborenen Sohn gab

Jahrtausende sind seit dieser Geschichte ins Land gegangen. Das Land Morija – es ist die Gegend um Jerusalem her – hat manche Veränderung erfahren. Da wird auf jenem geheimnisvollen Berg – es ist der Berg Golgatha – wieder ein Altar aufgerichtet. Und wieder schickt sich ein Vater an, seinen geliebten Sohn zu opfern. Diesmal ist der opfernde Vater der heilige Gott selbst. Und das Opfer ist Jesus Christus, der Sohn Gottes. Wo einst Abraham seinen Isaak band, da steht nun Jesus, gebunden, bereit zum Opfer.

So ist Isaak ein Vorbild auf den gekreuzigten Christus.

Aber – wie viel wunderbarer ist das, was in Jesus geschieht! Zwar tat Abraham etwas, was uns unfassbar groß erscheint: Er opfert sein Liebstes Gott. Aber eben doch dem Gott, der es wert ist, dass man Ihm alles gibt, dem Gott, der Abraham gesegnet und geliebt hatte, dem Gott, der Abraham tausendmal das Herz abgewonnen hatte. Gott aber opferte Sein Liebstes einer Welt, die Ihn verachtet und beleidigt hat; einer Welt, die Ihn hasst und verspottet, die Ihn vergisst oder wie einen bösen Knecht behandelt, einer Welt, die nicht wert ist, dass man sie liebt, einer Welt, die bestialisch, gemein, niedrig, entsetzlich ist, die so ist, wie wir sind. »Also hat Gott diese Welt geliebt, dass er seinen eingeborenen Sohn gab ...«

Was für eine unermessliche Liebe muss das sein! Wenn die Menschen auf den Jammer der Welt zeigen und rufen: »Da seht, Gott liebt uns nicht mehr!«, dann weisen wir auf das Kreuz und rufen: »O seht, wie sehr Er uns liebt!«

Es ist nicht Spielerei, wenn ich euch von Isaaks

Opferung zum Kreuz Jesu führe. Ein Größerer hat das schon getan: Paulus. In der alttestamentlichen Geschichte lobt Gott den Abraham: »Du hast deines einzigen Sohnes nicht verschont.« Das gleiche Wort braucht Paulus in Römer 8 und sagt: »Gott hat seines eingeborenen Sohnes nicht verschont, sondern hat ihn für uns alle dahingegeben.« Und dann fährt er fort: »Wie sollte er uns mit ihm nicht alles schenken!« Das heißt: Nimm jetzt nur erst einmal diesen fundamentalen Liebesbeweis Gottes im Glauben an! Von da aus lösen sich alle Fragen und Nöte.

Darum sagen wir: Der Blick auf das Kreuz ist not-wendig. Er wendet die Not deines Lebens.

Ein Missionar berichtet von einem Hottentotten. Der hatte mit Mühe Joh. 3,16 gelernt: »Also hat Gott die Welt geliebt, dass er seinen eingeborenen Sohn gab ...« Eines Tages trat er reisefertig vor den Missionar: »Sende mich! Ich muss gehen und die gute Botschaft allen verkünden!« Der Missionar wandte ein: »Du kannst ja nichts als nur den einen Spruch.« »Ist das nicht genug?« rief der Schwarze. »Werden die Leute sich nicht freuen und Herz und Ohr öffnen, wenn sie hören, dass Gott auch sie liebt?!«

3. Im Opfer ist die Versöhnung für unsere Sünden

Nun müssen wir auf die Abrahamsgeschichte zurückkommen. Ich habe sie noch nicht zu Ende erzählt: Abraham hatte seinen Sohn auf den Altar gelegt. Er ergriff das Messer, um ihn zu opfern. Da rief ihm der Engel des Herrn zu: »Lege deine Hand nicht an den Knaben! Nun sehe ich, dass du Gott fürchtest.«

»Da hob Abraham seine Augen auf und sah einen Widder in der Hecke mit den Hörnern hangen. Und er nahm den Widder und opferte ihn.«

Dieses Opfer hat mich beschäftigt. Man kann ja wirklich nicht sagen, dass dem Abraham dies Opfer ein gleichwertiger Ersatz für seinen Sohn war. Denn der Widder kostete ihn gar nichts. Den fand er. Was soll also dies Opfer noch?

Seht, in dieser Stunde stand Abraham in erschütternder Weise vor Gott. Und da wusste er, was jeder in solcher Lage weiß, dass ein Sünder vor Gott nicht bleiben kann ohne Versöhnung. Die Bibel erzählt auch von Abrahams Sünde. Die stand in dieser Stunde groß vor ihm. Für die brauchte er jetzt die Versöhnung. Darum flüchtete er zum Opfer. Dies Widderopfer war dem Mann Gottes nur ein Hinweis auf das kommende, große Versöhnungsopfer Jesu am Kreuz. So können wir sagen: Er stellte sich unter das Kreuz, in die Versöhnung mit Gott. Da wurde ihm der Friede Gottes geschenkt.

Das brauchen auch wir vor allem, diesen Frieden Gottes, der aus der Versöhnung kommt. Stürme gehen über die Welt. Wenn der Sturm den Ozean peitscht, bleibt doch die Tiefe des Meeres ganz ruhig. So ist einer, der im Frieden Gottes steht. Sein Leben ruht in Gott. Wie wünsche ich uns das!

Beth-El

Jakob sprach: Wie heilig ist diese Stätte! Hier ist nichts anderes denn Gottes Haus, und hier ist die Pforte des Himmels.
1. Mose 28,17

Haltet es bitte nicht für eine Spielerei, wenn wir in der Passionszeit den alttestamentlichen Vorbildern des Kreuzes Christi nachdenken. Ich bin gewiss, dass es dem Heiligen Geist gefallen hat, auch schon durch das Wort des Alten Bundes das Kreuz Christi zu verkünden. Allerdings in verhüllter Form. Und wenn wir uns die Mühe machen, durch die Verhüllung durchzuschauen, dann wird uns durch diese alttestamentliche Kreuzespredigt manches Wichtige über unser Heil in Christus geoffenbart werden.

So lasst es euch denn gefallen, dass wir darin fortfahren. Wir wollen heute an Jakob sehen:

Wie ein Elender getröstet wurde

1. Die große Verlassenheit

Durch die einsame Steppe im Norden Palästinas wandert ein junger Mann. Ringsum grauenvolle Öde: kein Haus und kein Mensch, so weit das Auge schaut.

Hier zieht nicht ein kühner Forscher mit starkem Herzen in unbekannte Lande. Hier ist auch nicht ein junger Mann, der gern Freiheit und Abenteuer kosten möchte. Von diesem Jakob heißt es in Kap. 25: »Er war ein sanfter Mann und blieb in den Hütten.«

Dieser junge Mann war herausgerissen aus seiner sicheren Welt. Ihm war gleichsam der Boden unter den Füßen weggezogen worden. So ist der Jakob recht ein Abbild vom Menschen unserer Tage, der aus aller Sicherheit gerissen ist und ohne Halt durch eine zertrümmerte Welt geht.

Aber warum war der Jakob aus den Zelten des Vaters ausgezogen? Er hatte seinen Bruder betrogen. Nun musste er vor dessen Rache fliehen. Die Schuld war das unsichtbare, schwere Gepäck, das Jakob mitschleppte. Und darin gleicht er anderen biblischen Gestalten. So wanderte Adam über den Acker, der Dornen und Disteln trug, entwurzelt und vereinsamt durch Schuld. So zog Kain »von dem Angesicht des Herrn in das Land Nod«, ein schuldbeladener Mann.

Wir tragen alle in irgendeiner Weise dies Bild Adams an uns: aus dem Frieden verjagt durch Schuld vor Gott. So also zog nun auch Jakob durch die Einsamkeit. Und dann brach eine Nacht herein. Die Bibel spricht von dem »Grauen der Nacht«. Jakob bettete sich auf einen Stein. Über ihm leuchteten kalt die Sterne. Und der Himmel war so fern! So fern!

Ja, das ist der Grund für die grenzenlose Verlassenheit bei den Menschen unserer Tage: Gott und der Himmel sind so fern. Die Oberflächlichen suchen sich zu helfen: »Nun müssen wir eben ohne den Himmel fertig werden.« Und die ernsten Herzen bekümmern sich: »Wie sollte Gott auch zu unserm schuldbeladenen Leben sich herabneigen!«

2. Der offene Himmel

Ich denke, Jakob hat lange zu dem fernen, verschlossenen Himmel aufgeschaut. Schließlich fielen ihm die müden, brennenden Augen zu. Und nun schenkte ihm Gott einen wundersamen Traum. Der Himmel tat sich auf: Neben dem Schlafenden erhob sich eine Treppe, deren »Spitze bis an den Himmel reichte«. Und die Engel Gottes stiegen daran auf und ab. Der Himmel stand offen; Himmel und Erde waren verbunden.

Ist das nicht eine herrliche Darstellung des Kreuzes Jesu Christi? Ja, so steht es mit dem

Kreuz: Es ist die einzige Verbindung zwischen der Welt Gottes und dem Menschen. Es ist die Treppe, auf der die Kräfte der unsichtbaren Welt in diese Todeswelt einströmen. Es ist die Leiter, auf der verlorene Sünder in den Himmel kommen.

In der wunderbaren Schilderung vom Traum Jakobs heißt es: »Er sah eine Leiter, die rührte mit der Spitze an den Himmel.« Kenner der Bibel denken hier sofort an eine andre Geschichte, in der auch davon die Rede ist, dass eine Leiter gebaut werden soll, deren Spitze an den Himmel reiche. Ich meine den Turmbau zu Babel. Nun, aus dieser Treppe wurde nichts. Solch eine Treppe kann nicht von unten nach oben, sondern nur von oben nach unten gebaut werden. Und das ist die Herrlichkeit des Kreuzes, dass hier nicht Menschen etwas Vergebliches versucht haben. Nein! Gott selbst hat diese Verbindung zwischen dem Himmel und der Erde hergestellt. F. v. Bodelschwingh hat einmal gesagt: »Wenn man an keinem andern Ort etwas merken sollte – unter dem Kreuz von Golgatha kann man es studieren, wie herrlich Gott den Elenden hilft.«

»Hier ist die Pforte des Himmels«, sagte Jakob, als er die Leiter gesehen hatte. »Hier ist die Pforte des Himmels«, sagen wir unter dem Kreuz Jesu. Ich habe mir vorgestellt, wie Adam nach dem Sündenfall manchmal um das verschlossene Paradies geirrt ist und eine Tür gesucht hat. Hier unter dem Kreuz geht die Türe auf. Jesus sagt in Johannes 10: »Ich bin die Tür; so jemand durch mich eingeht, der wird selig werden.«

»Hier ist das Haus Gottes«, sagte Jakob, als er die Himmelsleiter gesehen hatte. »Hier wohnt Gott auf Erden«, sagen wir unter dem Kreuz Christi. Das ist wichtig! Wo ist Gottes Haus? Ich habe Dome gesehen, die Gotteshäuser genannt wurden. Aber mit ihren Bildern und Altären glichen sie eher Götzentempeln. Hier beim Kreuz von Golgatha ist Gottes Wohnung. Da begegnen wir dem lebendigen Gott. Hier schauen wir in den geöffneten Himmel. Hier walten die Engel, die Mächte und Kräfte der unsichtbaren Welt.

3. Das Gnadenwort

Jakob hat in jener Nacht große Dinge nicht nur gesehen, sondern auch gehört. Der Herr stand oben an der Leiter und verhieß ihm: »Ich bin mit dir!«

Welch ein Wort! Der »Hohe und Erhabene« schließt einen Bund mit dem Staub. Und die Schuld Jakobs? Ja, gerade hieran wird deutlich, wie sehr diese Himmelsleiter ein Abbild des Kreuzes Jesu ist: Im Kreuz schließt Gott einen Bund mit dem Sünder. Und die Schuld? »Wo sind die Sündenschulden all? / Im Meer des Bluts versenkt! / Ich weiß, dass er von ihrer Zahl / nicht einer mehr gedenkt.«

Jakob ist an dem Morgen nach dieser Nacht weitergewandert. Er war immer noch einsam. Und es war noch dieselbe Wüste, durch die er zog. Und doch – alles war anders geworden. »Ich bin mit dir!« Im Bunde mit Gott durch Vergebung der Sünden. Welch ein frohes Wandern wurde das nun!

Ich habe keine Hoffnung, dass die Welt, in der wir leben müssen, sich bald verändern wird. Wir werden noch manchen sauren Tritt tun müssen. Aber wie ist doch alles verändert, wenn wir die Himmelsleiter von Golgatha kennen! Im Frieden mit Gott durch Vergebung der Sünden kann man fröhlich und getrost seine Straße ziehen – und wenn sie nur durch Trümmer führte.

Jakob und Rahel

Also diente Jakob um Rahel sieben Jahre.
1.Mose 29,20a

Es gibt so viele einsame Menschen.
Das klingt im ersten Augenblick verwunderlich. Denn noch nie haben Menschen so dicht aufeinander gewohnt wie wir heute in Deutschland. Aber – je dichter die Menschen beieinander sind – je mehr wir einander von unsern Nöten und alltäglichen Schwierigkeiten vorreden – desto einsamer werden wir innerlich.
All den einsamen Leuten unter uns möchte ich jetzt sagen: Warum erwarten wir etwas von Menschen, was sie uns doch nicht geben können? Jesus ist der, welcher unsre hungrige Seele sättigen kann. Hast du schon einmal darüber nachgedacht, wie stark der Seelenfreund und Herzenskündiger Jesus um dich wirbt?
Sein ganzes Leben war ein Ringen um die Seele der Menschen. Und auch jetzt sucht Er als der Lebendige durch den Heiligen Geist, uns zu gewinnen. Am stärksten aber hat Er um uns geworben, als Er am Kreuz starb. Davon singt eines der beliebtesten Passionslieder:

»Wie Er dürstend rang um meine Seele ...«

Dies Werben Jesu will ich deutlich machen an einer Geschichte aus dem Leben Jakobs.

1. Die Geschichte einer ganz großen Liebe

Der junge Jakob war auf seiner Wanderung in das Haus eines Mannes namens Laban geführt worden. Dort sah er Labans Tochter Rahel. Die gewann er so lieb, dass er um sie warb. Der Laban aber war ein harter und geiziger Mann. So gab das eine lange Verhandlung. Das Ende war, dass Jakob sich erbot, er wolle sieben Jahre als Knecht dienen, um Rahel zur Frau zu bekommen. Und so geschah es. Nun denkt einmal: Dieser Jakob stammte aus einer sehr reichen Familie. Er war der verwöhnte Sohn seiner Eltern gewesen. Der macht sich nun selber zum niedrigen Knecht, zum Sklaven, um die Braut zu gewinnen.

Und als die sieben Jahre um waren, betrog ihn Laban. Da musste er noch weitere sieben Jahre um Rahel dienen. Sollte er vor dieser schweren Belastung nicht den Mut verlieren? O nein! Er nahm auch diese weiteren sieben Jahre auf sich. »So lieb hatte er sie.« Das ist eine ergreifende Liebesgeschichte, die unserer oberflächlichen Zeit wie ein Märchen vorkommen mag. In Düsseldorf hörte ich einst den albernen Karnevalsschlager von dem treuen Husar: »Er liebt sie schon ein Jahr und mehr. / Wo nimmt denn bloß der Kerl die Liebe her!« Ein Geschlecht, das die Liebe so billig gemacht hat, wird kaum ein Verständnis haben für diese ganz große Liebe des Jakob. Und so kann die Geschichte eine Anklage werden für manchen jungen Mann, der mit der Liebe schändlich spielt; und für manche Ehe, wo man es von vornherein nicht so ernst nahm wie Jakob. Und die Ehe wurde dann auch danach!

Aber wir haben in dieser Erzählung mehr vor uns als eine ergreifende Liebesgeschichte. Dass ein Mann vierzehn Jahre Sklave wird, um eine Braut zu gewinnen, ist so unerhört, dass wir mehr dahinter vermuten dürfen.

2. Der Knecht

Ich sehe im Geist den Jakob vor mir, der Jahr um Jahr sich erniedrigt, der harte Dienste als Knecht tut.

»Knecht«!

Jeder Kenner der Bibel horcht hier auf. »Knecht«, das ist ja der Name, den schon das Alte Testament dem kommenden Heiland und Erlöser gibt! Er wird da genannt der »Knecht Gottes«. So sagt Gott Jesaja 42: »Siehe, das ist mein Knecht, an welchem meine Seele Wohlgefallen hat.« Oder Jesaja 53: »Siehe, mein Knecht wird erhöht und sehr hoch erhaben sein.«

In diesem Kapitel ist auch die Rede von Seiner Knechtsarbeit: »Darum, dass seine Seele gearbeitet hat ...« Und als ein Lastträger wird Er uns da gezeigt: »Der Herr warf unser aller Sünde auf ihn.« Welch ein Lastträger!

Ich sah vor kurzem in einer Kirche ein ergreifendes Passionsbild. Es war dargestellt, wie der Herr unter dem Kreuz zusammenbricht. Wie ein Schwerstarbeiter sah Er aus, der bis zum Letzten die Kraft angespannt hat. Die größte Arbeit aber tat Er, als Er völlig erniedrigt an diesem Kreuz hing. Wieder spricht ein alttestamentliches Wort von Seiner Knechtsarbeit: »Mir hast du Arbeit gemacht mit deinen Sünden und hast mir Mühe gemacht mit deinen Missetaten.«

Seht, da ist der »Knecht Gottes« unser Knecht geworden. Die Jünger haben ja – bis ihre Augen erleuchtet wurden – sich immer an dieser Knechtsgestalt Jesu gestoßen. Und immer wieder hat Er ihnen gesagt, dass Er gekommen sei, »nicht dass er sich dienen lasse, sondern dass er diene und gebe sein Leben zur Bezahlung für viele«.

Seht nun, wie der Jakob den Heiland vorgebildet hat! Er war der geliebte Sohn in seines Vaters Haus. Noch viel mehr war es so mit Jesus. Im hohenpriesterlichen Gebet lässt Er uns wie durch ein Fensterchen einen Blick tun in jene Stellung beim Vater, wenn Er da spricht von der Klarheit, die Er beim Vater hatte, ehe die Welt war.

Und wie Jakob ist Er aus dieser Herrlichkeit herausgegangen und ein dienender, niedriger Knecht geworden, um sich eine Braut zu erwerben und zu verdienen.

Jawohl, um die geliebte Braut zu verdienen – darum wurde Jakob ein Knecht, und darum wurde Jesus der niedrige Knecht, der sterbend am Kreuz Lastträger wurde und mit der Seele arbeitete.

Wer ist denn die Braut, um die Jesus durch Seinen Knechtsdienst werben wollte?

3. Die Braut

Wie glücklich muss die Rahel gewesen sein, dass der verwöhnte Jakob um ihretwillen die schwere Knechtsarbeit auf sich nahm! Es ist schön, mit solcher Liebe geliebt zu werden. Wie selig aber muss erst die Braut sein, die der Sohn Gottes mit einer Knechtsarbeit, die zum Tod führte, erwerben wollte! Wer ist die

glückliche Braut, die so überschwänglich geliebt wird?
Die Bibel sagt: Diese Braut ist die Gemeinde der Auserwählten. Aber weil diese Gemeinde eben nicht ein Kollektiv ist, sondern eine Schar von lauter Einzelnen, darf jetzt jeder von euch für sich fest glauben: Die Braut, um die der Herr Jesus so unendlich hart geworben und gedient hat, ist meine Seele.
O seht nur recht auf das Kreuz! Seht den Mann mit der Dornenkrone genau an! Lasst nicht den Blick von dem Haupt voll Blut und Wunden, bis es euch aufgeht: Hier wirbt Er um mich. Meine Seele soll sich Ihm verloben, Ihm, der hier um meinetwillen so niedrig wurde. Seine Dornenkrone, Sein gemarterter Leib, die blutigen Nägel, Seine arbeitende Seele, Sein Todesschrei – alles, alles redet die werbenden Worte, die wir Hosea 2 lesen: »Ich will mich dir verloben in Ewigkeit.«
Rahels Herz fliegt ihrem Bräutigam entgegen. Sollte nicht auch unser Herz diesem Liebeswerben sich ergeben? O wie hart ist unser Herz! Dass wir doch sprechen lernten: »Liebe, dir ergeh ich mich, / dein zu bleiben ewiglich!«

Die Eiche zu Sichem

Da sprach Jakob zu seinem Hause und zu allen, die mit ihm waren: Tut von euch die fremden Götter, so unter euch sind, und reinigt euch, und ändert eure Kleider ... Da gaben sie ihm alle fremden Götter, die unter ihren Händen waren, und ihre Ohrenspangen; und er vergrub sie unter einer Eiche, die neben Sichem stand.
1.Mose 35,2.4

Heute wollen wir von einem Grab sprechen. Bei diesem Grab handelt es sich aber nicht um eine betrübliche, sondern vielmehr um eine sehr frohe Geschichte. Es geht da auch gar nicht kümmerlich, sondern herrlich und großartig zu.
Wir überschreiben die Geschichte:

Das seltsame Grab

1. Wie es zu diesem Grab kam

Unsre Textgeschichte erzählt von dem großen Gottesmann Jakob. Aus dem armen Jüngling war ein reicher Mann geworden. Ihn umgab ein Gewimmel von Kindern, Enkeln, Knechten und Herden. Da hatte er jeden Tag unendlich viel zu tun und zu regeln. Jakob wird wahrscheinlich oft ein geplagter und gehetzter Mann gewesen sein.

Aber – es war merkwürdig –: Je mehr Jakob sich nun mühte, desto schwieriger wurden die Verhältnisse, desto mehr drang auf ihn ein.

Und dann auf einmal – geradezu unmotiviert – steht da in der Geschichte: »Und Gott sprach zu Jakob: Mache dich auf und ziehe nach Beth-El und mache daselbst einen Altar dem Gott, der dir einst erschien!«

Gott redet nur in der Stille. So müssen wir annehmen, dass Jakob aus aller Verworrenheit seines Lebens, aus allen Nöten und aus aller Unruhe in die Stille geflüchtet ist. Und da redet Gott! Es wird uns lange nicht alles berichtet, was Gott Jakob in dieser Stunde aufdeckte. Es liegt immer ein großes Geheimnis über solchen Stunden, wo Gott mit einer Seele allein redet. Aber wir können Einiges ahnen:

Gott sagt etwa so: »Sieh, Jakob! Es ist nicht von ungefähr, dass dein Leben so hart und unruhig geworden ist. Denn in deinem Leben und in deinem Hause ist nicht mehr alles, wie es sein sollte. Da haben sich heidnisches Wesen und weltliche Eitelkeit eingeschlichen. Da wird der Heilige Geist betrübt. Das Geisteswesen hat nicht mehr die Oberhand.«

Diese stille Stunde mit Gott wurde für das Leben Jakobs entscheidend. Und wer aufmerksam die Bibel liest, wird bald entdecken, dass solche Gottesstunden das Wichtigste im Leben aller Knechte Gottes sind.

Haben wir noch die Fähigkeit zur Stille vor Gott? Zu solcher schöpferischen Pause? Der katholische Professor Pieper hat in einer bedeutsamen Schrift dargestellt, dass – ganz anders als in anderen Erdteilen und Rassen – das Kennzeichen der abendländischen Kultur ein eiserner und verbissener Arbeitsdrang ist. Der Preis, den wir dafür bezahlt haben, ist ungeheuerlich: Es fehlt uns das Atemholen des inneren Menschen.

Dazu kommt der Wahnsinn unsres so genannte Kulturlebens. Jeder ist beständig einem Hagel von äußeren Eindrücken ausgesetzt: von Fernsehen und Sensationen, von Zeitungen und Politik, von Radio und Unterhaltung. Der Mensch lebt nur noch von dem, was von außen auf ihn gepresst wird.

Und da hinein tönt wie eine tiefe Glocke das Wort des 46. Psalms: »Seid stille und erkennt, dass ich Gott bin!« Die griechische Bibel übersetzt: »Habt Muße und erkennt, dass ich Gott bin!«

2. Wie das seltsame Begräbnis stattfand

Kehren wir zu Jakob zurück, nachdem wir festgestellt haben, dass seine Lebensprobleme im Grunde die gleichen waren wie die des modernen Menschen.

Jakob tritt unter seine Leute und fordert sie auf: »Tut von euch die fremden Götter, so unter euch sind, und reinigt euch!« Da gaben sie ihm die Götzen und Ohrenspangen; und er vergrub sie unter einer Eiche zu Sichem.

Das war eine Stunde! Ich sehe im Geist, wie der Jakob unter der alten Terebinthe das Grab geschaufelt hat. Und nun tritt einer nach dem andern vor und wirft in die Grube, was Gott nicht gefällt. Da waren solche, die sprangen freudig herbei. Auf ihren Gesichtern stand: »Endlich kommt mein Leben in Ordnung!« Und da standen andre, deren Gesichter waren blass. Sie sahen die Götzenbilder in ihren Händen an, wie süß und lieblich und wertvoll sie waren. Was gab es da für ein Ringen in den Herzen! Und dann traten sie vor und warfen – mit Tränen in den Augen. Aber sie warfen!

Solch eine Grube sollten wir haben! Aber – so möchte ich fragen – genügt ein Grab, in dem die äußeren Zeichen meiner Weltliebe und Sünde versinken? Ich müsste ein Grab haben, in das mein böses Herz und mein ungeistliches Wesen versenkt werden könnten. Wenn es doch solch ein Grab gäbe!

Freunde! Das gibt es! Es ist das Kreuz des Sohnes Gottes auf Golgatha, das für alle Zeiten und für alle Menschen aufgerichtet worden ist. Ich sehe im Geist, wie durch die Jahrhunderte hindurch alle Knechte und Mägde Gottes – ach nein! alle Kinder Gottes zu diesem Kreuz pilgern und dort ihre Lieblingssünden, ja, ihre alte, böse Natur in den Tod geben; wie sie unter dem Kreuz stehen und flehen: »Liebe, zieh uns in dein Sterben, / lass mit dir gekreuzigt sein, / was dein Reich nicht kann ererben! / Führ ins Paradies uns ein.«

Dass wir doch die Botschaft vom Kreuz recht erfassen wollten! Das Kreuz Jesu ist die Versöhnung mit Gott. Aber es ist mehr! Paulus sagt: »Jesus Christus ist uns von Gott gemacht zur Heiligung.« Das Kreuz ist das Grab unserer Liebe zur Welt und zur Sünde. Das Kreuz ist das Grab, wo unsere alte, ungeistliche Natur in den Tod gegeben wird. Bildet euch nicht ein, ihr wüsstet etwas vom Christenstand, wenn ihr nicht versteht, was das heißt: »Ich bin mit Christo gekreuzigt.« Oder: »Durch ihn ist mir die Welt gekreuzigt und ich der Welt.«

O Freunde! Seid stille und erkennt, wer Gott

ist und wie es um uns steht! Und dann lasst uns unser Leben unter Jesu Kreuz gründlich in Ordnung bringen! Lasst uns zu Gott schreien wie der Liederdichter Gottfried Arnold in dem Vers: »Herr, zermalme, brich, vernichte / alle Macht der Finsternis, / unterwirf sie dem Gerichte, / mach des Sieges uns gewiss. / Heb uns aus dem Staub der Sünden, / wirf die Schlangenbrut hinaus, / lass uns wahre Freiheit finden / droben in des Vaters Haus.«

3. Wie der ganze Vorgang zu einer Bereicherung führte

Kehren wir noch einmal zu Jakob zurück! Glaubt mir, es waren in jenes Grab Dinge versenkt worden, die einen großen Wert darstellten. Und ein Volkswirtschaftler könnte sich ausrechnen, um wie viel ärmer das Volk des Jakob nun war.

Aber am Ende hätte er sich doch verrechnet. Denn wenn wir die folgenden Verse in der Bibel lesen, dann erfahren wir mit Erstaunen, dass das Heer Jakobs unendlich reich geworden war. In Friede und Freude zogen sie nach Beth-El. Die Furcht des Herrn fiel auf alle Heiden ringsum, die ihnen Not gemacht hatten.

Das ist das geheimnisvolle Gesetz im Christenstand: Je mehr ich mich entäußere von dem, was Gott nicht gefällt, je mehr ich mit Jesus sterbe, je ärmer ich in mir selbst werde, je mehr ich opfere – desto reicher werde ich an allen Gaben des Heiligen Geistes: an Freude, Frieden, Hoffnung, Vollmacht. Nur der Mensch, der in der Stille vor Gott lebt, der geistlich gesinnt ist, den die Welt einen armen Narren heißt, der ist in Wahrheit reich in Gott.

Joseph in der Zisterne

Als nun Joseph zu seinen Brüdern kam, zogen sie ihm seinen Rock, den bunten Rock, aus, den er anhatte, und nahmen ihn und warfen ihn in die Grube; aber die Grube war leer und kein Wasser darin.
1.Mose 37,23.24

Es ist eine bedrückende Geschichte, von der uns hier das Alte Testament berichtet: Im Hochland bei Dothan ist ein großes Nomadenlager aufgeschlagen. Zehn Söhne des frommen Jakob weiden hier ihre Herde. Aber vom Geist ihres Vaters ist im Lager wenig zu spüren. Sie sind gottlose Gesellen. Und darum sind sie auch froh, dass ihr Bruder Joseph nicht bei ihnen ist. Sie hassen diesen Joseph, der es mit dem Vater hält, der ein junger Mann voll Heiligen Geistes ist und der auf Gottes Wegen geht.
Eines Tages taucht Joseph bei seinen Brüdern auf, vom Vater zu ihnen gesandt. Ich sehe ihn im Geist, wie er voll Liebe über die Berge herzueilt.
Aber als die Brüder ihn sehen, bricht ihr Hass lodernd aus: »Kommt, lasst uns ihn erwürgen!« Und als er freundlich unter sie tritt, um-

ringen sie ihn. Harte Fäuste reißen ihm den bunten Rock, den ihm der Vater geschenkt hat, herunter. Er wird gefesselt und in eine leere Zisterne geworfen.

Nun könnte jemand einwenden: »Wir haben schlimmere Beispiele von Bruderhass erlebt! Was geht uns diese alte Sache an!« Sagt das nicht! Denn diese Geschichte steht im Alten Testament, von dem einmal jemand sehr richtig gesagt hat: »Das Alte Testament ist das Bilderbuch zum Neuen Testament.« – Dieser Joseph in seiner Grube ist ein Vorbild auf den gekreuzigten Gottessohn.

Der Mann, den seine Brüder nicht wollten

1. Der Hass

Je mehr ich mich in die Josephsgeschichte versenkte, desto heller ging mir auf, wie hier im Grunde von Jesus erzählt wird. Die Parallelen sind erstaunlich:

»Als nun Joseph zu seinen Brüdern kam …« Er verließ die reichen Zelte seines Vaters und ging zu seinen Brüdern, die in der heißen Steppe unter großen Nöten und Gefahren lebten – und die so böse waren. So kam der Sohn Gottes zu uns. Paulus sagt: »Er hielt es nicht für einen Raub, Gott gleich sein, sondern entäußerte sich selbst und nahm Knechtsgestalt an ...« Er kam wie Joseph, voll Liebe und mit ausgestreckten Händen.

»... da zogen sie ihm den Rock aus ...« Gerade dieser Zug spielt in der Leidensgeschichte Jesu eine besondere Rolle. Auch der Sohn Gottes wurde erniedrigt, indem man Ihm die Kleider abriss. Nachher, als sie Ihn gekreuzigt hatten, saßen die Kriegsknechte und würfelten um Seinen Rock.

»... und warfen ihn in die Grube, darin kein Wasser war.« So haben rohe Fäuste den Sohn Gottes ergriffen und an das Kreuz genagelt. Und ich höre den Ruf des Verschmachtenden: »Mich dürstet!«

Wir finden in der Bibel eine Andeutung, warum die Brüder den Joseph so hassten: Gott hatte dem Joseph in einem Traum gezeigt, dass er der Herr seiner Brüder sein werde. Dieser Traum hatte die Brüder zur Weißglut erregt: »Wir wollen nicht, dass dieser über uns herrsche!« Und nun sehe ich im Geiste eine parallele Szene: Jesus steht in der Nacht vor dem Karfreitag vor dem Hohen Rat. Da springt der Hohepriester auf: »Ich beschwöre dich, dass du uns sagest, ob du seist Christus.« Und Jesus antwortet hoheitsvoll: »Von nun an wird's geschehen, dass ihr sehen werdet des Menschen

Sohn sitzen zur Rechten der Kraft.« In diesem Augenblick bricht der Hass heraus: »Wir wollen nicht, dass dieser über uns herrsche!«

Die Brüder Josephs haben sich nicht viel Gedanken gemacht. Wenn sie aber über ihren Hass nachgedacht hätten, wären sie darauf gekommen, dass dieser im Grunde dem frommen Vater galt. Sie hassten den Joseph, weil sie den Vater hassten. Genauso steht's mit uns: Der natürliche Mensch will Jesus nicht, weil er Gott nicht will. Das Kreuz sagt uns: Der Mensch hasst Gott. Er will Ihn nicht. Trotz allen Christentums und aller Religiosität – er will Gott nicht!

Im Jahre 1775 erschien ein sonderbares Buch: »Beweis, dass diejenigen, so Christum gekreuzigt, Westfälinger gewesen seien.« O Freunde, nicht nur Westfälinger! Wir alle sind beteiligt. Der Heidelberger Katechismus übertreibt nicht, wenn er sagt: »Ich bin von Natur geneigt, Gott ... zu hassen.«

Im Grunde unsrer Seele sagen wir zu Jesus: »Ich will Dich nicht. Du bist der, den meine Seele hasst, denn ich will mein eigener Herr sein!« Welch eine tiefgreifende Umwandlung muss mit uns geschehen – ja, eine neue Geburt, bis wir zu Jesus sagen lernen: »Du bist der, den meine Seele liebt.«

2. Die vertauschten Rollen

Ich sehe im Geiste die Szene vor mir, wie die Brüder um die Zisterne stehen und voll Verachtung auf ihren Bruder hinabblicken, den sie einmütig verurteilt haben.

Man greift sich an den Kopf: Wenn jemand in diese Grube gehörte, dann waren es die Brüder. Und wenn einer Richter sein konnte, dann war es Joseph. Die Rollen waren geradezu sinnlos vertauscht. Und nun lasst uns unter Jesu Kreuz treten. Denn niemals wieder in der Welt werden so unglaublich die Rollen vertauscht wie dort.

Jesus, dem der Vater alles Gericht übergeben hat, ist verurteilt. Und wir, die Verurteilten, stehen um das Kreuz her.

Wenn man das Kreuz recht verstehen will, muss man erst begreifen lernen, dass wir die Verurteilten sind.

Ach, dass wir aufhören wollten, zu faseln von unserem guten Herzen und von unseren edlen Absichten! Vor Gott sind wir Verurteilte! Sünder! Zur Hölle Verdammte!

Es ist seltsam und erschreckend, wie unsre Zeit das Organ für diese Erkenntnis verloren hat. Man redet wohl viel von Schuld: Die Nazis sind schuldig geworden am deutschen

Volk, das deutsche Volk an der Welt, die Welt wieder an uns. Die Bauern haben sich versündigt an den hungrigen Städtern, die Besitzenden an den Flüchtlingen ...

Wie anders aber die Welt der Bibel: Als David an Uria schuldig geworden war, schrie er zu Gott: »An dir allein habe ich gesündigt!«

Wer endlich lernt, das zu sagen, der betet staunend an unter dem Kreuze: Der Unschuldige ist verurteilt – und ich bin frei! Die vertauschten Rollen sind unsre Errettung. »Die Strafe liegt auf ihm, auf dass wir Frieden hätten«, bezeugt Jesaja.

3. Was Gott daraus macht

Josephs Weg ist ein Kunstwerk Gottes. Die Brüder wollten Joseph endgültig los sein. Darum verkauften sie ihn als Sklaven nach Ägypten. Dann brach eine schreckliche Hungersnot herein. Da wären nicht nur die Ägypter, sondern auch Josephs Brüder verhungert, wenn nicht Joseph, der inzwischen Herr in Ägypten geworden war, eingegriffen und eine Errettung geschaffen hätte.

Hätten die Brüder den Joseph nicht verworfen, dann hätte es keine Errettung gegeben. Und – so machen wir weiter – hätte der Hass der Menschen den Sohn Gottes nicht gekreuzigt, dann gäbe es in Zeit und Ewigkeit kein Heil für uns. So seltsam sind Gottes Wege.

Die Grube bei Dothan wurde der Anfang eines großen Heils. Wie sehr ist doch diese Grube ein Bild des Kreuzes, in dem unser völliges Heil liegt!

Als der erst dreißigjährige, gewaltige Erweckungsprediger Hofacker im Sterben lag, sagte er laut im Blick auf den Heiland am Kreuz: »Das ist mein Mann? Wüsste ich nicht gewiss, dass Seine Liebe zu uns unendlich ist, dann müsste ich verzagen. Nur auf Ihn verlasse ich mich!« Und ich schließe: Was im Tod so getrost macht, ist doch wohl auch für unser Leben das Beste. »Am Kreuze meines Heilands, da ist mein sichrer Stand …«

Joseph wird verkauft

Und da die Midianiter, die Kaufleute, vorüberreisten, zogen sie Joseph heraus aus der Grube und verkauften ihn den Ismaeliten um zwanzig Silberlinge; die brachten ihn nach Ägypten.
1.Mose 37,28

Wir beschäftigen uns hier ausschließlich mit Jesus. Ich könnte mir denken, dass es eine Menge Menschen gibt, die das für eine sehr nutzlose Tätigkeit halten.
Aber stell dir vor, du lägest im Sterben. Welcher Wunsch wird da deine Seele erfüllen? Etwa der, dass du mehr Geld zusammengebracht hättest in deinem Leben? Ach nein! In dieser Stunde wird dir aller Besitz sehr gleichgültig sein. – Wirst du wünschen, dass du mehr Ehre unter den Menschen gehabt hättest? Ach nein! Da wird es dich nicht mehr interessieren, was die Menschen von dir denken. Da geht es nur noch um die Frage: »Was denkt Gott von mir?« – Wirst du wünschen, du hättest mehr gearbeitet? Ich bin sicher, dass uns da vieles sehr fragwürdig erscheinen wird, an das wir unsere Kraft rückten.
Du wirst nur eine einzige Sehnsucht haben:

dass der dir zur Seite steht, der dich vor Gott rechtfertigt – Jesus. Darum ist jede Stunde unseres Lebens, in der wir uns mit Jesus beschäftigen, wohl angewandt.

Wir lassen uns bei der Betrachtung des Heils in Jesus wieder von einem alttestamentlichen Vorbild leiten, von Joseph.

Der verkaufte Bruder

1. Der Fremdling unter den Brüdern

Es wird uns berichtet, dass der Patriarch Jakob zwölf Söhne hatte. Unter diesen jungen Männern spielte Joseph eine besondere Rolle. »Sein Vater hatte ihn lieber als alle seine Kinder.« Da ist es uns schon, als hörten wir von Jesus reden.

Gott ist die Liebe. Er liebt alle Menschen, auch die bösesten. Aber den Einen liebt Er anders und besonders, den Einen, Jesus, dem Er einst am Jordan vom Himmel her zurief: »Du bist mein lieber Sohn, an dem ich Wohlgefallen habe.«

Dieser Joseph nun war anders als seine Brüder. Die waren roh, er war edel. Sie hassten ihn, er antwortete mit Liebe. Achtet darauf, wie alles, was ich euch von Joseph sage, eigentlich eine Schilderung Jesu ist.

Die Brüder misshandelten und verkauften ihn. Er sagte kein Wort und litt still »wie ein Lamm, das verstummt vor seinem Scherer«. In 1.Mose 38 wird uns von einem der Brüder eine böse Ehebruchsgeschichte berichtet. Im 39. Kapitel aber hören wir, wie Joseph einem verführerischen Weib antwortet: »Wie sollte ich ein so großes Übel tun und wider Gott sündigen!« Eine Atmosphäre der Reinheit umgibt ihn. Die Brüder treten Gottes Gebote mit Füßen. Joseph aber hat Einblick in die geheimen Pläne Gottes.

Ihr seht, Joseph war anders als seine Brüder. So ist auch Jesus der ganz Andere. Wer sich mit Ihm beschäftigt, staunt immer wieder darüber, wie Jesus das gottgewollte Bild des Menschen darstellt.

Weil Joseph anders war als sie, darum hassten ihn die Brüder. Wir finden in der Josephsgeschichte alle Schattierungen, von der stillen Ablehnung bis zum glühenden Mordwillen. Und doch bleibt er ihr Bruder!

Genauso steht es mit Jesus. Die Welt lehnt Ihn ab, und auch unsre Natur mag Ihn nicht. Die Welt unter ihrem »Fürsten« hasst Ihn. Und es ist auch unter uns keiner, der Ihn nicht tausendmal beleidigt, betrübt, verraten und verkauft hätte.

Und doch – Er bleibt der Bruder. Seitdem Er in der Krippe von Bethlehem lag, kann auch der roheste Gottesleugner nicht davon los, dass der Sohn Gottes sein Bruder wurde. Er hat uns, ob wir wollen oder nicht, mit Gott verwandt gemacht.

2. Der Bruder wird weggetan

Die Söhne wollten ihren Bruder Joseph nicht mehr ertragen. Eines Tages ergriffen sie ihn und verkauften ihn an eine Karawane midianitischer Kaufleute, die nach Ägypten zog. Nun verschwand er in den volkreichen Städten des alten Kulturlandes.

Es fällt einem unwillkürlich ein Vergleich ein: Wenn ein Bauer über den Acker geht und die Körner in die Furchen wirft, dann ist so ein kleines Samenkorn nicht mehr aufzufinden. Es ist von den Erdschollen begraben. So war Joseph weggeworfen und verschwunden.

Jedem Kenner der Bibel fällt nun ein Wort des Herrn Jesus ein (Joh.12). Da kamen ein paar Jünger freudig erregt zu Jesus und sagten Ihm: »Herr, es sind Ausländer hier, die sich für Dich interessieren.« Sie hatten den Eindruck: Nun geht Jesu Stern auf. Aber da antwortet ihnen Jesus: »Wahrlich, ich sage euch: Es sei denn, dass das Weizenkorn in die Erde falle und ersterbe, so bleibt's allein; wo es aber erstirbt, so bringt es viele Früchte.«

Diese Ausländer bekamen Jesus später zu sehen. Aber da hing Er als Ausgestoßener und Geschmähter am Kreuz. Da war Er in den Tod gegeben. Da war das Weizenkorn in die Erde geworfen. Da war Er weggetan, weggeworfen wie ein Samenkorn.

Ich denke: Als der Herr das Wort vom Weizenkorn sagte, da stand vielleicht die Joseph-Geschichte vor Seinem Geist. Denn in dieser Geschichte geht es um Weizen. Dieser Joseph tauchte nämlich wieder auf. Als eine schauerliche Hungersnot über sie kam, hörten die Söhne Jakobs, in Ägypten könne man Weizen bekommen, trotz der jahrelangen Missernte dort. Aber da sei ein wunderbarer Mann, der für Weizen gesorgt habe. So zogen sie hin. Und die Hungernden wurden gespeist und errettet. Und der Erretter war ihr Bruder Joseph.

Gott hatte ihn durch den Sterbensweg zur Errettung für viele gesetzt.

Da stehen wir an einem wichtigen Reich-Gottes-Gesetz. Das heißt: »Es geht durch Sterben nur.« Dadurch, dass er den Todesweg ging, wurde Joseph ein Segen für seine Zeit. Durch Sein Sterben am Kreuz wurde Jesus der Erretter für alle Sünder.

Dies Reich-Gottes-Gesetz gilt auch für uns. Das neue Leben aus Gott kann in uns nur dann anbrechen, wenn wir unter Jesu Kreuz unser altes Leben in den Tod geben. »Fleisch und Blut«, d. h. unsre natürliche Art, »kann das Reich Gottes nicht ererben«, sagt Gottes Wort. Und darum führt Gott uns solche Wege, wo unser Eigenwille erstirbt. Kennt ihr die Geschichte von dem Liederdichter Hiller? Dieser eifrige Pfarrer verlor seine Stimme und musste sein Amt aufgeben und sich in ein verlassenes Dorf zurückziehen. Dort in der Stille machte Gott ihn zu dem gesegneten Dichter. O lasst uns die Sterbenswege nicht hassen, sondern lieben!

3. Der verkaufte Bruder schafft Brot

Es war eine schreckliche Tat, als die Söhne Jakobs ihren Bruder dahingaben. Aber das benutzte Gott, nicht nur Ägypten, sondern auch die Brüder am Leben zu erhalten. Joseph schaffte ihnen Speise. Und er konnte seinen Brüdern sagen: »Ihr gedachtet, es böse zu machen. Aber Gott gedachte, es gut zu machen, dass er euer Leben errettete durch eine große Errettung.«

Stehen wir bei diesen Worten nicht unter Jesu Kreuz? Niemals in der Weltgeschichte ist menschliche Gemeinheit offener zu Tage getreten als hier. In der Tat: »Ihr gedachtet, es böse zu machen.« Und doch – »Gott gedachte, es gut zu machen«. Die Ewigkeiten werden das Lied des »geschlachteten Lammes« singen.

Wie Joseph den Hungernden Brot gab, so reicht der gekreuzigte Jesus Brot des Lebens den hungernden Gewissen dar. Denn schlimmer als alle äußere Hungersnot ist ja die Not der Seelen, die schuldbeladen ewig verlorengehen, der Herzen, die keinen Frieden mit Gott haben. O kommt zum Kreuz Jesu! Hier ist alles bereit, wonach eure Seele hungert.

Mara

Da kamen sie gen Mara, aber sie konnten das Wasser zu Mara nicht trinken, denn es war sehr bitter ... Da wies der Herr dem Mose einen Baum; den tat er ins Wasser. Da ward es süß.
2.Mose 15,23.25

Ein Mann, der wie wenige in die Geschichte hineingewirkt hat, ist der Apostel Paulus gewesen.
Nun ist in dem Leben dieses Mannes etwas Seltsames zu beobachten: Er hatte eine umfassende Bildung. Er kannte als weitgereister Mann die politischen Probleme seiner Zeit. Er wusste auch um die schreienden sozialen Nöte, denn er kam oft mit der Sklaverei in Berührung. Von der Seefahrt verstand er fast ebensoviel wie von Religionswissenschaft und Literatur. Und dieser Mann erklärt feierlich: »Ich hielt mich nicht dafür, dass ich etwas wüsste unter euch, ohne allein Jesum Christum, den Gekreuzigten.«
Damit hat er die Aufgabe unserer Predigt klar umrissen. Es ist gut, wenn Christen in das öffentliche Leben gehen. Aber unsere Predigt soll nicht Stellung nehmen zu den Zeitfragen,

sondern sie muss allezeit Kreuzes-Predigt sein. So will ich euch anhand dieses alttestamentlichen Wortes das Kreuz verkünden. Unsere Geschichte sagt uns:

Das Kreuz macht die bitteren Wasser süß

1. Die bitteren Wasser

Was für ein Jubel war das, als der Herr das Volk Israel aus der furchtbaren Knechtschaft herausführte! Nun ging es nach Kanaan, in das herrliche Land der Freiheit und des Friedens. Wenn in jener Nacht des Auszugs einer gesagt hätte: »Aber vor uns liegt noch eine schreckliche Wüste, die wir durchwandern müssen!« – dann hätte die Antwort sicher gelautet: »O, damit werden wir nun spielend fertig!« Doch es ging leider gar nicht »spielend«. Die Wüste war heiß und furchtbar. Wie quälte der Durst! Und dann – endlich! – sah man in der Ferne Palmen. »Da ist Wasser!« ruft man freudig. Die letzten Kräfte werden zusammengerafft. Man stürzt zu dem blinkenden Wasserspiegel hin. Aber – welche furchtbare Enttäuschung! Das Wasser ist gallenbitter. Da nennen sie den Platz Mara. Das heißt »bitter«.

Ich denke an ein junges Mädchen, das gerade seinen Ausbildungsweg vollendet hatte und nun mit Eifer in einen geliebten Beruf ging. Da überfiel es die entsetzliche Krankheit Multiple Sklerose. Bald war es ganz gelähmt und konnte nichts mehr tun. Ich denke an eine junge Braut, die mit den größten Hoffnungen in den Ehestand ging und bald durch die Untreue ihres Mannes schrecklich enttäuscht wurde. Ich denke an ein junges Paar, das mit großen Erwartungen nach Kanada auswanderte und merken musste: »Wir sind den Schwierigkeiten dieses Landes nicht gewachsen.« Ich denke an einen jungen Mann, der brennend gern Missionar werden wollte und sich bei einer Missionsschule anmeldete. Aber dann stellte sich heraus, dass seine geistigen Fähigkeiten nicht ausreichten. O, die bittern Wasser!

Das Ruth-Büchlein der Bibel berichtet von einer Frau Naemi, die nach langem Leben erklärt: »Heißt mich nicht mehr Naemi (d. h. die Huldvolle), sondern Mara; denn der Allmächtige hat mich sehr betrübt.«

Wir müssen darauf achten, dass es sich in unserer Textgeschichte um Gottes Volk handelt, das eine Erlösung erlebt hat. Diese Leute kommen nach Mara, an die bittern Wasser. So geht es im Christenstand. Die Seele ist zuerst voll Jubel, wenn sie das Wort aus Jesaja 43,1 glauben kann: »Ich habe dich erlöst, du bist mein.«

Aber dann muss der lange Weg des Glaubens zurückgelegt werden. Da geht es durch dürre Wüsten und zu bitteren Wassern. Da geht es durch Anfechtungen und Niederlagen. Man erlebt tiefe Enttäuschungen an sich selbst und an anderen.
Kurz: Wir kommen alle zu den bitteren Wassern. Was nun? Bei den einen versinkt die Seele in Schwermut. Andre trinken die bitteren Wasser in sich hinein, bis sie ganz verbittert sind. Wieder andre suchen Vergessen im Leichtsinn.
Ich will euch einen besseren Weg zeigen:

2. Der wunderbare Baum

Als Israel dort so enttäuscht und verzweifelt in Mara stand, ging Mose abseits und schrie zum Herrn. Der wies ihm einen Baum. Und als man den in das Wasser stellte, wurde es süß. Die Gelehrten haben sich über diese Geschichte den Kopf zerbrochen, ob sie eine Sage sei, oder ob man sich die Sache natürlich erklären könne, und ob solch ein Baum wohl heute noch zu finden sei.
Solche Sorgen können wir uns sparen.
Hören wir doch die Botschaft: Dem Volk Israel wurde mächtig geholfen! Und es bekam hier eine wundervolle Verheißung auf das Kreuz

von Golgatha, an dem der Sohn Gottes für uns gestorben ist. Denn das Kreuz ist der Baum, der die bitteren Wasser süß macht.

Achtet bitte darauf, dass es das Kreuz sein muss! Nicht irgendeine Religion! Es gibt so viele so genannte Christen, die ein Allerwelts-Gottvertrauen haben. Aber gerade dies wird ja zuschanden an den bittern Wassern. Hier hilft nur das Kreuz. Wie sollen wir das nun in die bittern Wasser hineinlegen? Nun, so, dass wir mitten in unsern Traurigkeiten und Anfechtungen im Glauben aufschauen auf den gekreuzigten Heiland. Dann werden die bittern Wasser süß.

Das geschieht dann auf mancherlei Weise: Es geht uns auf, dass wir ja einen Herrn haben, der das Kreuz trug. Wollen wir mehr als Er? Oder wir sehen in Seinem Kreuz unsre Versöhnung mit Gott. Und dann werden wir froh, weil wir wissen: Ich bin Gottes Kind, erkauft und versöhnt – trotz allem! Oder es geht uns die ganz große Liebe Gottes auf, an der wir irre werden wollten; die Liebe, die so groß ist, dass Er Seinen eingeborenen Sohn gab. Oder wir lernen unter dem Kreuz, dass der Weg zum ewigen Leben so aussieht, dass man seine alte Natur und all ihr Wünschen mit Christus kreuzigt.

In jedem Fall erleben wir, was im 34. Psalm steht: »Welche auf ihn sehen (wie Er am Kreuz hängt für uns!), die werden erquickt.«

3. Die Erfahrung der Kinder Gottes

Das Wort Mara kommt im Alten Testament noch einmal vor. Und zwar im Jesaja. Luther übersetzt da: »Um Trost war mir sehr bange.« Wörtlich heißt es (38,17): »Mitten im Frieden traf mich Bitteres, ja Bitteres.« Aber dann geht es weiter: »Du hast dich meiner Seele herzlich angenommen, dass sie nicht verdürbe, denn du wirfst alle meine Sünden hinter dich zurück.« – Das ist ja am Kreuz geschehen!

Wenn wir im Glauben das Kreuz in die bittern Wasser unseres Lebens stellen, geht es uns wie Israel: Die Wasser des Leidens und der Anfechtung werden süß. Davon singt der Glaubens- und Leidensmann Paul Gerhardt: »Im Streite soll es sein mein Schutz, / in Traurigkeit mein Lachen ... / Im Durst soll's sein mein Wasserquell, / in Einsamkeit mein Sprachgesell ... / Wenn mich der Sonne Hitze trifft, / so kann mir's Schatten geben; / setzt mir der Wehmut Schmerzen zu, / so find' ich bei dir meine Ruh' / wie auf dem Bett ein Kranker ...«

Dazu eine Erfahrung aus der Gegenwart: Missionsdirektor de Kleine berichtet, wie er mit anderen Missionaren während des Zweiten Weltkrieges in Indonesien von den Japanern verhaftet und interniert wurde. Die Verhältnisse in dem Internierungslager waren grauenvoll. Seuchen und Hunger wüteten. Forschend und prüfend beobachteten die indonesischen Wachen, ob die weißen Christen sich in dieser Lage bewähren würden. Da lag Pastor de Vries im Sterben. Wenige Minuten vor seinem Hinscheiden ließ er alle, die er erreichen konnte, um sein Lager versammeln, und dann sagte er mit lauter Stimme:

»Was ich im Leben verkündigt habe, das will ich jetzt, wo ich heimgehe, noch einmal laut sagen und bezeugen: Im Leben und im Sterben gibt es nur einen, der helfen, trösten und selig machen kann. Das ist Er, der Heiland, der am Kreuz starb und Sein Blut für uns gab. Ihm habe ich gelebt, Ihm habe ich vertraut. Ihm will ich jetzt auch sterben!«

Ja, das Kreuz macht die bitteren Wasser süß.

Das Gebet des Mose

Nun vergib ihnen ihre Sünde; wo nicht, so tilge mich auch aus deinem Buch, das du geschrieben hast.
2.Mose 32,32

Es war während des Krieges nach einem Bombenangriff. Da sah ich bei einem Gang durch die Stadt, wie ein kleiner Junge harmlos mit einem Bombenblindgänger spielte. Meint ihr, der Junge sei besonders tapfer gewesen? O nein! Er war nur – sehr dumm und ahnungslos.

An diesen Jungen muss ich immer denken, wenn ich sehe, wie wenig die Menschen unserer Tage den Zorn Gottes fürchten. Wo ist denn unter uns noch Furcht Gottes? Dass man Gott so harmlos nimmt, das ist nicht ein Zeichen besonderer Aufgeklärtheit und Klugheit. Es ist – Dummheit. Und mehr als das: Es ist Blindheit. Und zwar eine schuldhafte Blindheit, die sich in Zeit und Ewigkeit rächt.

Wenn wir das Kreuz Christi jetzt wieder in den Mittelpunkt unserer Betrachtung stellen wollen, dann ist die allererste Voraussetzung zum Verständnis dies, dass wir den Zorn Gottes fürchten gelernt haben. Ohne diese Voraussetzung verstehen wir gar nichts vom Kreuz.

Der Bürge

1. Ein großes Angebot

Die Gemeinde des Alten Bundes lagerte am Berge Sinai. Große Tage lagen hinter den Kindern Israel. Sie hatten die furchtbare Offenbarung Gottes erlebt, als Er ihnen das Gesetz gab. Aber dann folgten Tage, in denen nichts geschah. Mose war auf den Berg gestiegen und dort verblieben im Gespräch mit Gott. Da verwischten sich bei den Israeliten schnell die tiefen Eindrücke, und sie machten sich einen eigenen Gott: das goldene Kalb. Schrecklich entbrennt der Zorn Gottes. Mose ist entsetzt. Er erzählt selbst (5.Mose 9): »Da fasste ich die beiden Tafeln mit dem Gesetz Gottes und zerbrach sie vor euren Augen und fiel nieder vor dem Herrn vierzig Tage und vierzig Nächte um all eurer Sünde willen; denn ich fürchtete mich vor dem Zorn und Grimm, mit dem der Herr über euch erzürnt war, dass er euch vertilgen wollte …«

Und nun folgt eine der ergreifendsten Szenen der Bibel. Nach einer schrecklichen Nacht der Angst verkündet Mose dem Volk: »Ihr habt eine große Sünde getan; nun will ich hinaufsteigen auf den Berg zu dem Herrn, ob ich vielleicht eure Sünde sühnen möge.«

Ich sehe im Geist den erschrockenen und bekümmerten Mann in die einsame Felsenwildnis hineinsteigen und in der Wolke verschwinden. Dort wirft er sich nieder vor dem Herrn und bekennt: »Ach, das Volk hat eine große Sünde getan.« Dann bittet er ergreifend (ich zitiere wörtlich nach dem hebräischen Text): »Und nun vergib ihnen doch ihre Sünde! Wenn nicht, dann tilge doch mich aus dem Buch, das du geschrieben hast!« Mose bietet sich selbst als Bürgen an für die anderen. Er will die Schuld bezahlen mit seiner Seelen Seligkeit. Er will bezahlen mit dem Besten, was er hat. »Tilge mich aus dem Buch!« Jesus hat später einmal Seinen Jüngern gesagt: »Freuet euch, dass eure Namen im Himmel geschrieben sind.« Das ist die Freude des Volkes Gottes, und darüber freute sich auch Mose. Die Bibel sagt, er sei der geplagteste Mensch gewesen. Welch andern Reichtum hatte er als diesen, zu wissen: Mein Name ist geschrieben im Buch des Lebens! Und diesen einzigen Schatz und Reichtum setzt er als Bürge ein.

Das ist die wahre Liebe, »eine Flamme des Herrn«. Es hat noch einmal einer solch ein Angebot für Israel gemacht, der Apostel Paulus. Und davon sagt der große Ausleger Bengel: »Menschliche Worte reichen nicht zu, die Gemütsbewegung heiliger Seelen auszudrücken. Von diesem Maß der Liebe lässt sich nicht leicht urteilen, denn diesen Grad vermag der kleine Maßstab unsrer Vernunftsschlüsse nicht zu erreichen, so wenig wie ein kleiner Knabe den hohen Mut ausnehmender Kriegshelden begreifen kann.«

2. Das verworfene Angebot

Gott hat das große Angebot des Mose schroff zurückgewiesen. Mose kann nicht Bürge sein für Israel. Warum nicht?

Um das zu verstehen, müssen wir uns klarmachen, was ein Bürge ist. Da hat ein Kaufmann eine große Schuld zu bezahlen. Er ist völlig außerstande dazu. Aber er hat einen reichen Freund, der seinerzeit für ihn die Bürgschaft übernahm. Nun springt der ein und befriedigt den Gläubiger.

Mose kann nicht Bürge sein. Denn auch er ist vor Gott Schuldner. Selbst dieser große und heilige Mann ist Gottes Schuldner! Es ist erschreckend zu lesen, dass Mose (5.Mose 1,37) berichtet: »Der Herr ward zornig über mich.« Auch über ihn entbrennt Gottes Zorn. Auch er ist Sünder und Gott verschuldet. Wie sollte er für die Sünder Bürge werden können!

Damit nun rückt diese Sache aus der geschichtlichen Betrachtung heraus und wird für uns wichtig. Wir müssen zunächst unsern katholischen Brüdern sagen: Es kann also kein Heiliger mit seinen guten Werken für mich eintreten und bezahlen, wenn Gott sogar den Mose damit abwies. Es bleibt bei dem harten Psalmwort: »Kann doch einen Bruder niemand erlösen noch ihn Gott versöhnen, denn es kostet zu viel, ihre Seele zu erlösen; man muss es lassen anstehen ewiglich« (Psalm 49,8.9).

Aber sprechen wir von uns! Wenn selbst ein Mose Gott verschuldet war und sagen muss: »Der Herr ward zornig über mich« – wo wollen wir bleiben?

Man kann von dieser Lage hören und doch nicht erschrecken dabei. Furchtbar, wenn es bei uns so wäre! Es kann aber geschehen, dass die Last unserer unbezahlbaren Schuld uns auf die Seele fällt und wir erkennen, wie wir völlig ungerüstet dem großen Zahltag entgegengehen; wie wir Gott alles schuldig geblieben sind; dass Sein Zorn wie eine dunkle Wolke über uns hängt. Da wird es uns zum Erschrecken, dass selbst ein Mose als Bürge abgelehnt wurde.

Mose wollte für das verlorene Israel aus dem Buch des Lebens gestrichen werden. Weil er als Sünder nicht Bürge werden konnte, lehnte Gott es ab. Aber es gibt noch einen zweiten Grund dafür: Gott hatte für diese Bürgschaft, für das gültige Opfer, einen andern ausersehen.

3. Der rechte Bürge

Lasst uns miteinander im Geist auf den Hügel Golgatha bei Jerusalem gehen!
Seht den ans Kreuz genagelten Mann an! Der ist Gott nichts schuldig geblieben. Er ist der völlig Gerechte. Immer wieder hat Gott Ihm gesagt: »Du bist mein lieber Sohn, an dem ich Wohlgefallen habe.«
Dieser Mann muss nicht klagen wie Mose: »Der Herr ward zornig über mich.«
Und nun hört, wir Er dort am Kreuze ruft: »Mein Gott, warum hast du mich verlassen?!«
Da ist Seine Seele ausgestrichen aus dem Buch Gottes.
Da geschieht, was Mose wollte: Ein anderer bezahlt für die Sünder. Nicht nur für Israel, sondern für die ganze Welt, für dich und mich. Am Kreuz wurde Jesus Bürge für uns, die wir Gott alles schuldig geblieben sind. Da bezahlte Er für uns.

Lasst mich zum Schluss ein kleines persönliches Erlebnis berichten: Vor einiger Zeit hatte ich in Ostfriesland Vorträge zu halten. Als ich mit meinem kleinen Wagen auf einer Landstraße entlangfahre, komme ich plötzlich an eine vereiste Stelle. Ehe ich gegensteuern kann, gerät der Wagen ins Schleudern, kippt um und stürzt über eine hohe Böschung in einen Moorgraben. Es sind seltsame Sekunden, ehe man sich das Genick bricht (was nur durch Gottes Bewahrung nicht geschah). In diesen Sekunden stand mir erschreckend Gottes Gericht vor der Seele. Aber im selben Augenblick auch der Vers: »… dass mein Bürge für mich spricht, / dies ist meine Zuversicht.« Wie Orgelton klang es in mir: »Mein Bürge!« Dass wir im Leben und Sterben nichts wüssten als Ihn!

Der Bock für Asasel

Da soll denn Aaron seine beiden Hände auf des Bockes Haupt legen und bekennen auf ihn alle Missetat der Kinder Israel und alle ihre Übertretung in allen ihren Sünden, und soll sie dem Bock auf das Haupt legen und ihn durch einen Mann, der bereit ist, in die Wüste laufen lassen.
3.Mose 16,21

Im 17. Jahrhundert lebte in der Nähe Eisenachs ein Rechtsanwalt namens Homburg. Er war seinen Zeitgenossen bekannt als Dichter fröhlicher Lieder. Seine »Leichten Lieder der Liebe und des Gelages« wurden viel gelesen. Dieser Lebemann erfuhr eines Tages eine große Wandlung. Wir wissen nichts Näheres darüber. Aber wir können feststellen, dass seine Dichtkunst auf einmal einen ganz neuen Gegenstand bekam. Der Inhalt seiner Lieder wurde ausschließlich Jesus. Von ihm stammt das herrliche Passionslied »Jesu, meines Leben Leben ...« In dem triumphalen Himmelfahrtslied »Ach wundergroßer Siegesheld ...« gibt er dem Heiland lauter verschiedene Namen: Davids Sohn, mein Ruhm, Gnadenthron, Siegesfürst, mein Schutz. Unter diesen Bezeichnungen Jesu ist mir eine besonders aufgefallen. Da redet er den Herrn Jesus an: »Du Sündenträger aller Welt.«

Ich glaube, dass unsere Zeit diesen Ausdruck kaum versteht. Und doch möchte ich ihn heute als Überschrift über meine Predigt setzen:

Der Sündenträger aller Welt

1. Der Bock für Asasel ist ein Vorbild für Ihn

Als Israel durch die Wüste nach Kanaan zog, gab Gott Seinem Volk feste Ordnungen. Dazu gehörten auch die großen Feiertage. Das wichtigste Fest war der Versöhnungstag.

Ich kann nicht all die bedeutsamen Zeremonien dieses Festes darlegen. Uns interessiert jetzt nur ein einziger Vorgang: Da wurde ein Bock vor den Hohenpriester gebracht. Im Angesicht des ganzen Volkes legte der dem Tier die Hände auf das Haupt und bekannte auf das Tier alle »Missetaten, Übertretungen und Sünden« Israels. Da wurde an das Licht gebracht, dass hier eine schuldbeladene Schar vor Gott stand. Und alle Schuld wurde gleichsam dem Bock aufgeladen.

Dann nahm ein Mann das Tier und jagte es in die Wüste. So wurde die Schuld Israels weggetragen. – Wohin?

Wir bekommen im 8. Vers unsres Kapitels eine seltsame Antwort. Dort steht nämlich, dass dieser Bock bestimmt gewesen sei für »Asasel«. Asasel – das ist ein Name für den furchtbaren Geist aus dem Abgrund, für Satan. Die Sünde also wurde dahin gejagt, wo sie ihren letzten Ursprung hat – zum Teufel! Ich muss hier einen kleinen Einschub machen: Kurz nach dem letzten Krieg ging ich mit einem Dänen durch Basel. Wir waren etwas bedrückt. Denn wir kamen von einer Tagung, wo wir mit Vertretern von 20 Nationen zusammen gewesen waren. Und da hatten wir uns nicht gut verstanden mit den Vertretern der englisch sprechenden Völker, deren Optimismus wir einfach nicht hatten teilen können.

Nun standen wir zwei vor dem Baseler Münster, wo die mittelalterlichen Bildhauer seltsame Dämonengestalten ausgehauen haben. Bei ihrer Betrachtung ging es uns plötzlich auf: Die anderen wissen nichts von Dämonen. Wir haben die Macht Satans kennen gelernt. Seht, die Bibel spricht von Satan und Asasel als dem Urgrund alles Bösen, das in uns wirksam ist.

Aber kehren wir zurück zu dem Versöhnungsfest. Alljährlich wurde in Israel der sündenbeladene Bock in die Wüste gejagt. Durch diesen Vorgang gab Gott Seinem Volk einen deutlichen Unterricht zum Verständnis des Kreuzes Jesu Christi.

Denn nun verstand in Israel später ein jeder folgende Geschichte: Da stand der Täufer Johannes am Jordan. Tausende hörten seiner Predigt zu. Auf einmal unterbrach er sich, zeigte nach hinten, wo ein schlichter Mann heranschritt, und rief mit durchdringender Stimme: »Siehe, da ist Gottes Lamm, welches der Welt Sünde wegträgt.« Der Mann war Jesus.

Jeder verstand, dass Johannes in diesem Satz auf den alljährlichen Vorgang im Tempel anspielte, auf das Tier, das sündenbeladen in die Wüste gejagt wurde. (Er nannte Jesus »Lamm«. Damit wollte er noch an ein Zweites erinnern, an das Versöhnungslamm, das täglich geopfert wurde.)

2. Die Botschaft von Ihm wendet sich an das Gewissen

In dem biblischen Bericht ist immer die Rede von »Missetat, Übertretung und Sünde«. Das fällt manchen Leuten beträchtlich auf die Nerven. Aber – so ist es nun mit dem Evangelium. Davon spricht es!

Seht, die Welt spricht uns auch an. Sie wendet sich an unsre Sinne, an unsre Leidenschaften und Triebe. Oder sie richtet sich an unsern Verstand.

Die Bibel aber spricht von unserm Gewissen. Ich will nur ein Beispiel nennen:

Als der Herr Jesus einmal in Sichar an einem Brunnen saß, kam eine Frau, um Wasser zu holen. Mit ihr begann Jesus ein Gespräch. Offenbar führte die Frau gern religiöse Gespräche. Doch nahm dieses eine unliebsame Wendung für sie, als der Herr sie aufforderte: »Rufe deinen Mann!« Die Frau bekam einen roten Kopf: »Ich habe keinen Mann.« Da erwiderte ihr Jesus ernst: »Fünf Männer hast du gehabt. Aber den du nun hast, der ist nicht dein Mann. Da hast du recht gesagt.« Ich verstehe, dass die Frau völlig erschüttert in die Stadt rannte und berichtete: »Da draußen sitzt einer, der mir alles aufgedeckt hat, was ich getan habe.«

Unsre Zeit tut, als wisse man nicht mehr, was »Missetat, Übertretung und Sünde« ist. Aber Jesus deckt es auf. Sein Geist macht die Gewissen lebendig. Und wo ein Gewissen aufgewacht ist, da liest man mit neuen Augen die Geschichte von dem Bock, auf den man die Sünde legen konnte. Und da fragt das Gewissen: »Warum ist unter uns dieser Bock nicht mehr?« Antwort: »Weil an seine Stelle ein Mann getreten ist – der Sohn Gottes – Jesus! Siehe, da ist Er, der der Welt Sünde wegträgt!«

Ich sehe im Geist, wie man beim Versöhnungsfest diesen seltsamen Bock hinausjagt in die Wüste – zu Asasel. Ein armes, verlorenes Tier, beladen mit Schuld. So hat man den Heiland hinausgestoßen – hinaus bis zur Hölle. Da hängt Er am Kreuz – bespien, gequält, entsetzlich einsam und ruft: »Mein Gott, warum hast du mich verlassen?« Seht, da trägt Er unsre »Missetat, Übertretung und Sünde« zu Asasel. »Die Strafe liegt auf ihm, auf dass wir Frieden hätten.« O dass wir das fassen könnten!

3. Er will die Gemeinde reinigen

»Warum nun diese ganze Veranstaltung?« So fragt der moderne Mensch. »Das ist mir alles viel zu schwierig! Was soll mir das?« Wir müssen begreifen: Gott, der lebendige Gott, ist heilig. Ihm ist die Sünde ein Gräuel. Und wenn Er sich eine Gemeinde erwählt und sie an Sein Herz zieht, dann muss diese Gemeinde gereinigt sein. Darum ist diese Veranstaltung nötig. Darum trug der Bock die Schuld Israels hinaus. Darum trägt Jesus unsre Sünde, weil Gott eine gereinigte Gemeinde haben will. Sehnt sich unser Herz nicht auch danach, zu dieser gereinigten Schar zu gehören? Wollen wir nicht gern frei sein von alter Schuldverflechtung und von den entsetzlichen Bindungen Asasels?

Wollen wir? Dann müssen wir – jeder für sich – ein Versöhnungsfest feiern unter Jesu Kreuz. Wir können ganz einfach aus der alttestamentlichen Geschichte lernen, wie man es machen muss: Da wurde die »Missetat, Übertretung und Sünde« auf den Bock hin bekannt. So dürfen wir unsre Sünde auf den gekreuzigten Herrn Jesus hin bekennen. Das ist eine Stunde, wenn ein Sünder dem Heiland sein Herz ausschüttet! Ich möchte nicht mehr leben ohne solche Möglichkeiten. Und dann sehen wir im Glauben auf den Gekreuzigten, fassen es, dass Er alles weggetragen hat zu Asasel, und dann danken wir Ihm für Seine herrliche Erlösung. Unser Christenstand mündet immer aus in fröhlichen und jubelnden Dank.

Der große Versöhnungstag

Denn an diesem Tage geschieht eure Versöhnung, dass ihr gereinigt werdet; von allen euren Sünden werdet ihr gereinigt vor dem Herrn ... Es soll aber solche Versöhnung tun ein Priester, den man geweiht hat.
3. Mose 16,30.32a

Im Jahre 1924 fing ich meine Arbeit an in einem Bezirk, in dem die Feindschaft gegen die Kirche groß war. Wenn ich meine Hausbesuche machte, bekam ich jedes Mal als erstes Wort zu hören: »Wir brauchen keinen Pfaffen!« Ebenso stereotyp gab ich zur Antwort: »Ganz recht, Sie brauchen keinen Pfaffen. Aber Sie brauchen einen Heiland.«
Nun möchte ich fragen: »Ist das wahr?« O ja! Es ist so! Gewiss, es ist wahr!
Wenn wir uns das einmal eingestehen, dann wird unser Herz fröhlich an der Botschaft des Neuen Testamentes: Dieser Heiland ist vorhanden! Seht, dort auf Golgatha hängt Er am Kreuz! »O Welt, sieh hier dein Leben / am Stamm des Kreuzes schweben ...!« Über diesem Kreuz steht in Flammenschift geschrieben: »Wer zu mir kommt, den werde ich nicht hinausstoßen.«

Nun macht aber unsre Vernunft Einwendungen: »Am Kreuz ist der Heiland zu finden? Warum am Kreuz? Warum in dieser eigenartigen, so wenig glorreichen Situation?«

Das Geheimnis des Kreuzes werden wir nie ganz ergründen können. Aber die Bibel, auch das Alte Testament, gibt uns doch darüber mancherlei Aufschlüsse. So wollen wir heute fragen:

Was geschah am Kreuz?

1. Der große Versöhnungstag

Unser Text berichtet von einer wunderbaren Institution im Volk Israel. Einmal im Jahre versammelte sich das ganze Volk um das Heiligtum. Da drängten sich die Menschen im Vorhof des Tempels. Und ringsum standen die Tausende, die keinen Platz mehr fanden. Ganz stille wurde es, wenn der Hohepriester das entscheidende Opfer schlachtete. Er fing das Blut in einer Schüssel auf. Und dann ging er mit diesem Blut durch die Menge. Er schritt hinein in das Heilige, das nur die Priester betreten durften. Es war durch einen riesigen Vorhang getrennt von dem Allerheiligsten, wo Gott wohnte. Dorthin durften auch nicht die Priester.

Nur einmal im Jahr, am großen Versöhnungstag, ging der Hohepriester hinter den Vorhang und sprengte das Blut vor Gott hin.

Nun, das sind alte, längst in Verfall geratene Zeremonien. Bei ihrer Schilderung kommen in unserm Text Worte vor, die dem modernen Menschen so unsagbar fremd klingen: »Versöhnung«, »Reinigung von Sünden«, »gereinigt vor dem Herrn«. Solche Worte hört man im Radio, in der Zeitung, im Kino und in Schlagern nicht. Und doch! – es ist etwas Seltsames um diese so unmodernen Worte. Wenn wir nicht ganz und gar erstorben sind, dann sprechen sie uns an in einer ganz tiefen Region unsres Inwendigen. »Versöhnung mit Gott!«, »Reinigung von Sünden!«, »Stehen vor dem Herrn im vollen Frieden!« – solche Worte wecken etwas Verschüttetes in uns auf. Sie sind wie ganz ferne Heimatglocken. Sie rufen eine Sehnsucht in uns wach nach einem ganz anderen Leben.

Was für eine Bewandtnis hat es nun mit diesen Worten? Das ist es: Sie rühren an unser Gewissen. »Versöhnung mit Gott« – »Reinigung von Sünden« – »Stehen vor dem Herrn« – je länger wir diesen Worten lauschen, desto größer wird in uns das Verlangen: »Solch einen Versöhnungstag sollten auch wir haben, wo das alles in unserm armen, ach, so flachen und schuldigen Leben Wirklichkeit wird!«

Wo ist der Tempel, da uns das geschenkt wird? Gibt es ihn? Antwort: Ja! Auf Golgatha! Jesu Todesstunde am Kreuz ist der große Versöhnungstag für alle Welt, für alle Völker, für alle Rassen, für alle Stände, für alle Bildungsschichten – für dich und für mich!

2. Der Hohepriester

Wenn in unserm Land jemand eine flammende Rede hält gegen »Priesterherrschaft«, dann kann er gewiss sein, dass er leidenschaftlichen Beifall findet. Diese Abneigung gegen jede Form von Priesterherrschaft ist der letzte, kümmerliche Rest eines herrlichen Erbes, das weithin verlorenging.

Unsere Väter haben in der Reformationszeit ganz neu entdeckt, dass Jesus Christus unser Hoherpriester ist. Und darum haben sie sich so leidenschaftlich gegen die Priester gewehrt, weil sie alle ihre Hoffnung setzten auf den einen Hohenpriester – Jesus!

Es lohnt sich darum für uns, dass wir diesen unsern Hohenpriester näher ansehen. Lassen wir uns dabei leiten von dem alttestamentlichen Wort: »Es soll aber solche Versöhnung tun ein Priester, den man geweiht hat.«

Nicht jeder x-beliebige konnte eine vollgültige Versöhnung mit Gott herbeiführen, sondern nur der Priester, den Gott dazu bestimmt und geweiht hatte. Nun hat Gott Seinen eingeborenen Sohn zum Hohenpriester geweiht für uns alle. Schon im 110. Psalm sagt Er zu Ihm: »Du bist ein Priester in Ewigkeit!«

Oder denkt an jene herrliche Geschichte am Jordan: Da stand der große Bußprediger Johannes der Täufer. Und viel Volk kam zu ihm und bekannte seine Sünde. Einer nach dem anderen trat heran und trug seine Schuld zum Fluss. Dann kam Jesus. Ja, was wollte denn der? Der hatte doch keine Sünde. Er war der einzige Reine. Doch – Er trug unsere Sünde zum Jordan. Und als Er das tat und damit so recht hohepriesterlich handelte, kam eine Stimme aus der ewigen Welt: »Dies ist mein lieber Sohn, an dem ich Wohlgefallen habe.«

Seht, da hat Gott den Herrn Jesus zum Hohenpriester geweiht. Und als der große Versöhnungstag anbrach – an jenem ersten Karfreitag –, da schritt dieser Hohepriester zum Versöhnungsopfer. Was sollte Er opfern, um die unermessliche Schuld der Menschen zu versöhnen? Er brachte das beste und wertvollste Opfer dar: sich selbst. Sollte solch gewaltiger Opferdienst nicht vollgültig sein?

Als die Kriegsknechte den Herrn Jesus an das Kreuz nagelten, verstanden sie davon nichts. Darum bat Jesus ja auch für sie: »Vater, vergib ihnen; denn sie wissen nicht, was sie tun.« Aber wir wissen es nun. Groß steht über Jesu Kreuz das Wort unseres Textes: »An diesem Tag geschieht eure Versöhnung.« »O Herr, mein Heil, an dessen Blut ich glaube, / ich liege hier vor dir gebückt im Staube, / verliere mich mit dankendem Gemüte / in deine Güte.«

3. Die Frage an uns

Wir fragten im Anfang: Was geschieht am Kreuz? Aus dieser sachlichen Frage muss die persönliche werden: »Geschieht da etwas mit mir?«

Seht, der Apostel Paulus hat in 2.Korinther 5 unsern Text aufgenommen und so gesagt: »Gott war in Christo und versöhnte die Welt mit ihm selber und hat unter uns aufgerichtet das Wort von der Versöhnung.« Und dann fährt er so eindringlich fort: »So bitten wir nun an Chirsti Statt: Lasst euch versöhnen mit Gott!«

Verstehen wir das? Die fremden und doch so herzbeweglichen Worte »Versöhnung mit Gott« – »gereinigt stehen vor dem Herrn« werden am Kreuz Jesu Wirklichkeit. Und nun muss diese Wirklichkeit in unser Leben hineinkommen. Ja, wir dürfen seit Golgatha Leute sein, die Frieden mit Gott haben, die versöhnt und gereinigt von Sünden sind. Nehmt es doch an!

Vor Jahren war ich zu lieben Freunden eingeladen. Aber im Trubel der Geschäfte vergaß ich diese Einladung. Später erzählten mir die Leute: »Wir haben Ihnen den ganzen Abend einen Platz freigelassen.« Unter Jesu Kreuz ist uns ein Platz freigelassen. Soll er leer bleiben?

Aaron zwischen den Toten und Lebendigen

Und Aaron stand zwischen den Toten und Lebendigen. Da ward der Plage gewehrt.
4.Mose 16,48

Vor kurzem sah ich in einer Zeitung ein Bild: Treibeis auf dem Main bei Frankfurt. Dies Bild hat Jugenderinnerungen in mir geweckt: Wie manches Mal bin ich zu spät zur Schule gekommen, wenn der Main Treibeis führte! Dann stellte ich mich gern über einen der starken Brückenpfeiler. Und nun kamen die Eisschollen in dichtem Gewimmel heran, als wollten sie den Pfeiler überfahren. Aber der stand fest. Und an ihm schieden sich die Schollen.

Das wurde mir zu einem Gleichnis für das Kreuz Christi. Das steht wie so ein Pfeiler in der Menschenwelt. Die Menschen wollen es überrennen. Aber es steht fest. Und es scheidet die Menschen. Am Kreuz Jesu scheiden sich die Geister.

Das Kreuz – die große Scheidung

1. Das Kreuz steht zwischen Mensch und Mensch

Mit starker Hand hat der Herr Israel aus Ägypten erlöst. Und nun zieht das Volk durch die Wüste nach Kanaan. Es geht durch tausend Nöte und Gefahren. Aber – das ist das Herrliche dabei – der Herr selbst zieht mit »des Tages in einer Wolkensäule und des Nachts in einer Feuersäule«. Der Herr selbst sorgt für Sein Volk. Er »trägt es auf Adlerflügeln«.

Wie wunderbar hätte diese Zeit sein können, wenn das Menschenherz nicht so verkehrt wäre! Israel widerstrebt dauernd seinem Gott. Und so wird diese Wanderung eine trübe Zeit. O wie oft hat Gott Wohltat und Segen für uns bereit! Und wir verderben sie uns selbst durch unsre Verkehrtheit.

Da war ein Mann namens Korah. Der machte einen Aufruhr gegen den Hohenpriester Aaron. Er griff damit die ganze göttliche Heilsinstitution an. Aber »Gott lässt sich nicht spotten«. Die Erde tat ihren Mund auf und riss den Korah mit seiner Rotte von 250 Mann hinab. Ganz Israel floh entsetzt: »… dass uns die Erde nicht auch verschlinge.«

Aber am nächsten Morgen ist der Schreck verflogen. Und nun rottet sich alles Volk zusammen gegen Mose und Aaron: »Ihr habt des Herrn Volk getötet.«

Die beiden Angegriffenen tun das, wozu sie in solchen Fällen immer ihre Zuflucht nehmen:

Sie suchen Gottes Angesicht. Da sagt der Herr: »Hebt euch aus dieser Gemeinde, ich will sie plötzlich vertilgen!« Erschrocken fallen die beiden nieder. Aber Mose, »der ein schnelles geistliches Auffassungsvermögen hat« (Spurgeon), fühlt, dass Gottes Gericht schon begonnen hat. Und so ist es. An den Grenzen des Lagers beginnt das Sterben. Da rafft sich Mose auf und ruft dem Aaron zu: »Schnell! Nimm dein Räuchergefäß und versöhne die Gemeinde. Eile! Es gilt ihr Leben!«

Und nun läuft der ehrwürdige Hohepriester mit dem dampfenden Räucherfass. Er denkt nicht daran, was das Volk ihm Böses antat. 14 700 sind schon gefallen vom Zorn Gottes. Da tritt Aaron auf die Todeslinie. Er schwingt sein Räucherfass. Versöhnend steht er auf der Grenze zwischen Toten und noch Lebendigen. »Da ward der Plage gewehrt.«

So steht der große Hohepriester Jesus in der Menschenwelt. Er hat ein besseres Versöhnungsopfer als Aarons Räucherwerk: Sein eigenes Blut, das Er am Kreuz vergießt.

Seht den Aaron an: Er ist eine seltsame Grenze geworden zwischen Mensch und Mensch. Es gab Familien, wo die Eltern diesseits, die Kinder jenseits von Aaron standen. Nun waren sie endgültig geschieden. Da waren Zeltkameraden. Nun gehörte der eine auf diese Seite, der andere auf jene Seite Aarons. Der Hohepriester trennte sie endgültig.

Das ist ein Bild für das Kreuz Christi: Es ist die große Scheidung zwischen Mensch und Mensch. Und es ist die große Frage unseres Lebens: Auf welcher Seite des versöhnenden Hohenpriesters stehe ich?

2. Das Kreuz ist die Grenze des Zornes Gottes

In einem modernen Roman las ich einen Satz, den man so oder ähnlich heute oft hören kann: »Sie wussten, dass es keinen Gott gab, der ihr Leben nach Gut und Böse abwägte.«

Ich weiß es anders. Ich weiß, dass »Gottes Zorn entbrennt über alle Ungerechtigkeit der Menschen«. Und zwar weiß ich das aus dem Wort Gottes, das sicher besser Auskunft gibt als irgend so ein moderner Phantast.

Gottes Zorn! Der ist schrecklich. Ja, der ist schrecklich! Haben wir Grund, ihn zu fürchten? Ich meine: Ja!

Es war Mitte März im Jahre 1522, als Luther die schützende Wartburg verließ und nach Wittenberg zurückkehrte, um der eingerissenen Verwirrung zu wehren. Er tat dies, indem er nach dem Sonntag Invokavit eine Woche lang seine berühmt gewordenen Invokavit-Predigten hielt. Die erste begann er so: »Wir sind allesamt zum Tode gefordert, und muss ein jeglicher für sich selbst sterben; ich werde dann nicht bei dir sein, noch du bei mir; in die Ohren können wir einander wohl schreien; aber es muss ein jeglicher für sich auf die Schanze treten …« Auf die Schanze vor das Angesicht des heiligen Gottes. Kannst du das? Bist du vor Ihm gerecht?

Ich kann es nicht. Ich muss Seinen Zorn fürchten. Und ich fürchte ihn gewaltig.

Und darum ist mir die Textgeschichte so wichtig. Da entbrennt Gottes Zorn. Aber auf einmal findet er eine Grenze. »Da ward der Plage gewehrt.« Diese Grenze des Zornes Gottes ist der versöhnende Hohepriester.

Welch eine Bedeutung bekommt der versöhnende Hohepriester Jesus! Welch eine Bedeutung bekommt Sein Kreuz! Es ist die Grenze des Zornes Gottes.

Was nicht unter Aarons Versöhnung stand, verfiel dem Zorn und Gericht. Was nicht unter Jesu Versöhnung steht, bleibt unter Gottes Zorngericht. Wer aber zu dem versöhnenden Hohenpriester gehört, der hat Gnade, Leben, Vergebung. Wer im Glauben zum Kreuz Jesu findet, ist der schrecklichen Todeszone des Zornes Gottes entronnen, der ist gerettet.

Das Kreuz ist die haarscharfe Grenze zwischen ewigem Tod und ewigem Leben.

Im Ersten Weltkrieg hatten unsere Kanonen Schutzschilde. Da kamen wir einmal in furchtbares MG-Feuer. Es prasselte nur so auf die Schilde. Das war unheimlich: Eine Handbreit neben uns wütete der Tod. Aber hinter den Schilden waren wir sicher geborgen. So ist der Glaubende vor Gottes Zorn geborgen unter dem Kreuz unseres Hohenpriesters Jesus.

3. Das Kreuz trennt nicht Böse und Gute, sondern Verlorene und Gerettete

An unserer Textgeschichte wird uns das Unerhörte des Evangeliums klar. Wir wollen uns im Geist neben Mose stellen. Er schaut über das erschrockene und aufgestörte Lager hin. Und da sieht er einen Bekannten hinter dem Aaron stehen, der war ein tapferer und feiner Kerl. Aber – er steht nicht unter der Versöhnung. Nun wird Mose entsetzt Zeuge davon, wie der Zorn Gottes ihn wegrafft.

Und einen anderen trifft sein Blick: Dessen Züge zeigen noch den hässlichen Zorn, mit dem das Volk gegen Gottes Ordnungen sich auflehnte. Aber – er steht unter der Versöhnung. Der Zorn Gottes macht Halt vor ihm. Was will das sagen?

Versöhnte Christen werden nie den Anspruch erheben, dass sie bessere Leute seien als die Weltmenschen. Und sie werden niemals behaupten, dass sie wegen ihrer Frömmigkeit oder wegen ihres Kampfes gegen das Böse gerettet seien vor dem Zorn. Nein! Wir wissen, dass wir nach Recht und Gesetz dem Gericht Gottes ebenso verfallen sind wie die Welt.

Was uns rettet, das ist nichts, was in uns ist. Das ist vielmehr der versöhnende Hohepriester, der Heiland am Kreuz. Nur in Ihm sind wir gerettet. Aber in Ihm sind wir wirklich gerettet. Und das meint der Römerbrief, wenn er sagt: »So halten wir dafür, dass der Mensch gerecht werde ohne des Gesetzes Werke, allein durch den Glauben.«

Der geschlagene Fels

Mose hob seine Hand auf und schlug den Fels mit dem Stab zweimal. Da ging viel Wasser heraus, dass die Gemeinde trank und ihr Vieh.
4.Mose 20,11

Zu dem Köstlichsten, was der geistvolle Dichter Matthias Claudius (gest. 1815) geschrieben hat, gehören seine Briefe an einen fingierten Freund Andres. Da heißt es einmal:
»Besinnst du dich noch unsrer ersten Schiffahrt, als wir den neuen Kahn probierten und ich mitten auf dem Wasser herausfiel? – Ich hatte schon alles aufgegeben ... da sah ich deinen ausgestreckten Arm herkommen und hakte an ... – Und nun ein Erretter aus aller Not, von allem Übel! Ein Erlöser vom Bösen! ... Andres, hast du je was Ähnliches gehört, und fallen dir nicht die Hände am Leibe nieder? ...«
Diesen Brief beginnt er mit den Worten: »Du möchtest gern mehr von unserm Herrn Jesus wissen. – Andres! Wer möchte das nicht?«
Nun, ich fürchte, dass es sehr, sehr viele gibt, denen gar nichts daran liegt, mehr zu hören von diesem Erlöser, weil ihr Gewissen erstickt ist »in den Sorgen dieser Welt und im betrüg-

lichen Reichtum und in vielen andern Lüsten« (Mark. 4,19).

Wie steht es mit uns? Ich wünsche uns ein heiliges Verlangen und möchte, dass auch durch diese Auslegung viel Licht auf Jesus falle.

Christus – der geschlagene Fels

1. Jesus – der Fels

Unser Text führt uns in die Zeit, als die Gemeinde des Alten Bundes aus der Knechtschaft in Ägypten auszog und vom Herrn selbst durch die Wüste nach Kanaan geleitet wurde.

Bei dieser Wüstenwanderung spielte ein Fels eine seltsame und bedeutende Rolle. Denn zweimal gab er dem verdurstenden Volk Wasser. Dieser Fels ist so wichtig, dass der Apostel Paulus in 1.Kor. 10 auf ihn zu sprechen kommt. Da sagt er: »Sie tranken von dem geistlichen Fels, der mitfolgte, welcher war Christus.« Bis zum heutigen Tag begleitet dieser Fels die Gemeinde auf ihrer Wanderung durch die Wüste dieser Welt. Und fröhlich singt das Volk Gottes: »Wir haben einen Felsen …!«

Jesus Christus – der Fels. Es kann sein, dass gerade dieses Bild nicht mehr einleuchtet. Denn ein Fels ist doch etwas Starres, Hartes. Und wir sind von Kind auf gelehrt worden, dass Jesus unendlich linde, weich und barmherzig ist.

Und doch – im Lied Moses (5.Mose 32) heißt es auch: »Er ist ein Fels.« Und Christus selbst sagt Jes. 50,7: »Ich habe mein Angesicht dargeboten wie einen Kieselstein.«

Gerade diese Stelle lehrt uns verstehen, wieso Jesus ein Fels ist: Nichts konnte Ihn aus der Bahn bringen. Ihr kennt doch die Versuchungsgeschichte. Wie hat da der Teufel versucht, Jesus von Seinem Weg fortzulocken! Aber der Fels stand fest. – Als der Heiland von Seinem Leiden sprach, wehrte Petrus Ihm: »Das widerfahre dir nur nicht.« Aber auch dieser liebe Jünger konnte den Heiland nicht aus der Bahn bringen. – Und gar Gethsemane! Da wollte Seine eigene Natur Ihn überwinden. Aber der Fels blieb fest. Wir haben alle schon Kompromisse mit der Welt gemacht – gegen unsere Überzeugung und gegen das Gewissen. Der Einzige, der kompromisslos Seinen Weg, oder vielmehr Gottes Weg ging, ist Jesus. Weder die öffentliche Meinung noch Zustimmung noch Hass noch Vorteil konnten Ihn beeinflussen. Und darum ist Er der Fels.

Er ist der Fels, der auch mitten in unserem Weg steht. Darum gibt es nur zweierlei: Entweder man scheitert an Ihm oder – man erbaut sich auf Ihm und findet so ewigen Grund.

2. Jesus – der geschlagene Fels

Nun muss ich die Geschichte erzählen, aus der unser Text stammt.

Als die Kinder Israel durch die Wüste zogen, kamen sie eines Tages wieder in schreckliche Not. Es war kein Wasser vorhanden. Durst ist furchtbar. So können wir verstehen, dass die Gemeinde murrte: »Ach, dass der Herr uns doch umgebracht hätte!«

Und doch, dieses Murren war ein Misstrauensvotum gegen Gott. War Er denn nicht mehr da? Hatte Er je versagt? Zog Er denn nicht mit, »des Tages in der Wolkensäule und des Nachts in der Feuersäule«? War denn Gott alt und schwach geworden, dass Er nicht mehr helfen konnte?

Mose erschrickt, als er das gottlose Murren hört, und wirft sich vor dem Herrn zu Boden. Und da gibt ihm der Herr den klaren Befehl: »Versammle die Gemeinde um den Felsen! Und dann sollt ihr, dein Bruder Aaron und du, mit dem Felsen reden. So wird er euch Wasser geben.«

Ein wildes Bild: Die murrende, erregte Gemeinde. In ihre Mitte tritt Mose. Auch er verliert nun die Fassung. Wie lange soll er sich denn noch mit diesem widerspenstigen Volk plagen! Und warum auch führt Gott sie von einer Not in die andere!

Er sieht, wie wilde, böse Augen auf ihn starren. Da ergreift er seinen Stab und ruft erregt: »Höret, ihr Ungehorsamen, werden wir euch auch Wasser bringen aus diesem Fels?« Und nun schlägt er zweimal wild auf den Fels ein. Paulus sagt: »Der Fels ist Christus.« In der Tat, Er ist der geschlagene Fels. Ich möchte Ihn dir vor die Augen malen: Dort hängt Er am Kreuz. Sieh die Striemen der Geißelung! Sieh die Dornenkrone, die durchbohrten Hände! Drängt sich dir nicht die Frage auf die Lippen: »Wer hat dich so geschlagen, / mein Heil, und dich mit Plagen / so übel zugericht't?« Auf diese Frage gibt Paul Gerhardt dir im selben Lied die Antwort: »Ich, ich und meine Sünden, / die sich wie Körnlein finden / des Sandes an dem Meer, / die haben dir erreget / das Elend, das dich schläget, / und das betrübte Marterheer.« Es scheint mir die wichtigste Entdeckung für ein Menschenleben zu sein, wenn man diese Beziehung zwischen sich selbst und Jesu Kreuz herstellt: »Ich habe Ihn geschlagen.«

Diese Erkenntnis hat schon David gehabt, als er sagte: »An dir allein habe ich gesündigt.« Wohl kann kein Mensch es mir zeigen – aber Gottes Geist kann es mir im Gewissen aufdecken, dass meine Sünde Jesus ans Kreuz brachte. Und dies ist die wichtigste Entdeckung meines Lebens.

Vielleicht begehrt deine Vernunft auf und sagt: »Das ist doch Unsinn! Weder ich noch Mose können Jesus geschlagen haben. Denn zu Moses Zeiten war Jesus noch gar nicht in der Welt. Und ich lebe 2000 Jahre nach Seiner Kreuzigung.« – Ich antworte dir: Das Kreuz steht jenseits der Zeit.

3. Der geschlagene Fels gibt Wasser

Ich muss euch die Wüstengeschichte zu Ende berichten. Als Mose den Fels geschlagen hatte, »da ging viel Wasser heraus«.

Ich habe im Geist diesen Augenblick gesehen: Beim Anblick des Wassers veränderten sich die Gesichter. Wo vorher Verzweiflung herrschte, war nun Freude. Wie drängten sie herzu! Da lief einer durchs Lager und rief es denen zu, die es noch nicht wussten: »Wasser ist da!«

So möchte ich es auch machen: Ich sehe die Verzweifelten in meinem Volk, die sich von Gott verlassen wähnen. Ich möchte ihnen allen zurufen: Kommt zu Jesu Kreuz! Dort ist Wasser des ewigen Lebens!

Es gibt ein Bild von W. Steinhausen zu diesem Vorgang in der Wüste. Da sieht man nichts als die Quelle und davor ein junges Weib, das mit unendlichem Verlangen eine Schale hinhält und das Wasser auffängt.

O dass dies ein Bild unsrer Seele wäre, die ja nach Jesus dürstet, auch wenn wir es nicht wissen: Der geschlagene Fels – Jesus – gibt unsrer Seele Frieden und Trost und Leben.

Der schwäbische Dichter Hiller mahnt uns: »Trink, ausgezehrte Seele, / dich dieses Wassers satt; / du folgest dem Befehle / des, der das Leben hat. / Es quillt aus dessen Seite, / den man am Kreuz verwund't. / Drum trink auch du noch heute, / du trinkst dich ganz gesund.«

Es ließe sich noch viel dazu sagen. Eines scheint mir noch besonders wichtig: Wasser wird nicht nur getrunken. Es dient auch zur Reinigung. Das ist wohl das Größte, was von dem geschlagenen Felsen zu sagen ist: »Das Blut Jesu Christi, des Sohnes Gottes, macht uns rein von aller Sünde.«

Die eherne Schlange

Da machte Mose eine eherne Schlange und richtete sie auf zum Zeichen; und wenn jemanden eine Schlange biss, so sah er die eherne Schlange an und blieb leben.
4.Mose 21,9

Die Griechen des Altertums erzählten sich eine sehr eindrucksvolle Sage von dem großen Helden Perseus. Der saß beim Hochzeitsmahl mit der schönen Andromeda. Da wird die Saaltür aufgerissen, und ein anderer König erscheint, um die Andromeda zu rauben. Es entbrennt ein wilder Kampf. Schon sind viele gefallen. Perseus kommt in Not, denn die Feinde sind in großer Überzahl.
Da ruft Perseus seinen Feinden zu: »Ihr zwingt mich zum Äußersten und Schrecklichsten!« Und während er in eine Tasche fasst, die ihm an der Seite hängt, ruft er: »Es wende sein Antlitz ab, wer mein Freund ist!« Dann hält seine Hand das grauenvolle Haupt der Medusa hoch. Diese Medusa war ein furchtbares Ungeheuer: Statt der Haare hatte sie Schlangen auf dem Haupt. Wer sie sah, erstarrte zu Stein. Im Medusenhaupte hat sich für den Griechen

alles Grauenvolle, alles, was das Blut erstarren macht, verkörpert.

Dort im Saal nun hält Perseus ihr abgeschlagenes Haupt hoch. Und seine Feinde erstarren zu Stein. Ein Blick auf die Medusa tötet sie auf ewig.

Das Evangelium erzählt – und diesmal ist es keine Sage – das Gegenstück. Es sagt uns von einem Totenhaupt, dessen Anblick bis zu diesem Tage ewiges Leben schenkt.

Ein Blick – und du hast ewiges Leben

1. Wohin wir sehen sollen

Es handelt sich um den Blick auf den gekreuzigten Sohn Gottes, auf das »Haupt voll Blut und Wunden«, auf das »Haupt, zum Spott gebunden / mit einer Dornenkron«.

Wir wollen uns das Kreuz Christi deuten lassen von den alttestamentlichen Vorbildern. Und so muss ich jetzt zuvor die Geschichte erzählen, aus der unser Text stammt.

Die Gemeinde des Alten Bundes zieht durch die Wüste. Gewiss, das ist kein Aufenthaltsort für zwei Millionen Menschen. Aber – der Herr zieht ja mit. Er gibt ihnen Wasser aus dem Felsen. Er gibt ihnen jeden Morgen Brot vom Himmel, das Manna.

Aber nun seht das verkehrte Menschenherz! Statt sich dankbar und vertrauensvoll dieser Fürsorge des himmlischen Vaters zu überlassen, murren sie gegen Gott und gegen Mose: »Warum hast du uns aus Ägypten geführt! Unsere Seele ekelt vor dieser mageren Speise.« Da sendet der Herr feurige Schlangen in das Lager. Und nun hebt ein großes Entsetzen und Sterben an. Die Kinder Israel erschrecken. Sie laufen zu Mose: »Bitte für uns den Herrn! Wir haben gesündigt!«

Da liegt nun dieser treue Fürbitter wieder auf seinem Angesicht vor dem zornigen und doch so gnädigen Gott. Und Gott befiehlt ihm: »Mache eine eherne Schlange und richte sie zum Zeichen auf. Wer gebissen ist und sieht sie an, der soll leben.«

In fliegender Eile gehen sie an die Arbeit. Während die einen die eherne Schlange gießen, richten die anderen schon ein Kreuz auf. Und dann eilen die Boten durchs Lager: »Seht auf die eherne Schlange!«

Da werden manche wohl gespottet haben: »Was soll das helfen?!« Und sie starben. Wer aber aufschaute – ach, nur mit einem Blick! –, der blieb leben. O ich sehe da Menschen ankriechen, todwund und sterbend. Ein Blick – und neues Leben überströmt sie.

Es ist gut tausend Jahre später. Da sitzt der Herr Jesus in einer Nachtstunde mit Nikodemus zusammen. Er erklärt ihm, dass diese eherne Schlange ein Vorbild ist auf Sein Kreuz: »Wie Mose eine Schlange erhöht hat, so muss des Menschen Sohn erhöht werden ... Also hat Gott die Welt geliebt, dass er seinen eingeborenen Sohn gab, auf dass alle, die an ihn glauben, nicht verloren werden, sondern das ewige Leben haben« (Joh. 3).

Also: Auf Jesu Kreuz sollen wir sehen. Das gibt ewiges Leben.

2. Was wir da sehen dürfen

Das Evangelium ist doch eine unerhörte Botschaft! Auf den gekreuzigten Heiland sehen – das kann doch der größte Sünder, der verkommenste Mensch. Ja, so ist es: Ein Glaubensblick auf den sterbenden Versöhner errettet unter allen Umständen.

Und umgekehrt: Kein Ringen und Kämpfen kann dir Frieden mit Gott geben. Auch kein Beten und kein gutes Werk. Sondern nur der glaubende Blick auf den Heiland am Kreuz errettet dich von Gottes Zorn und Gericht.

Was ist denn nun an dem Kreuz so Besonderes, dass es solche errettende Wirkung hat? Vor kurzem sagte mir ein junger Mann: »Es sind doch viele Menschen als Märtyrer und um einer guten Sache willen gestorben. Warum machen Sie so ein Geschrei um den Tod Jesu?« Unsere Textgeschichte soll es uns erklären. Zunächst müssen wir verstehen: Israel stand handgreiflich unter Gottes Zorn. In den Schlangen verkörperte sich Gottes Fluch über die Sünder. – Wer nun nichts weiß von Gottes unheimlichem Zorn über die Sünde, wer noch nie Gottes Fluch im Gewissen gespürt hat – der begreift wahrscheinlich gar nichts von der ganzen Geschichte. Wir stehen auch unter dem Fluch. In den Schlangen nun wurde der Fluch in Israel sichtbar. Da hängte Mose ein Bild dieses Fluches ans Kreuz. Nun hieß es: »Seht dorthin! Da hängt der Fluch, ausgetan, weggetragen, gekreuzigt, erledigt!«

Das dürfen wir auch am Kreuz Jesu sehen: Da hängt Gottes gerechter Zorn, da hängt der Fluch, der mich treffen sollte – da ist er ausgetan, weggeschafft, getötet, gekreuzigt!

Wer mir aufmerksam gefolgt ist, der erschrickt jetzt wohl und sagt: »Die Schlange war wohl ein Bild des Fluches. Aber – der Heiland doch nicht!«

Doch! So steht es im Wort Gottes! Gal. 3,13 heißt es: »Christus ward ein Fluch für uns. Denn: verflucht ist jedermann, der am Holz hängt.«

Nun lasst mich ein Bild brauchen. Kürzlich las ich in einem modernen Roman, wie in der Zeit des Dritten Reiches ein junger Student von der Gestapo verfolgt wurde. Er flüchtete in ein großes Hotel. Aber nun wurde die Jagd entsetzlich. Alle Ausgänge waren besetzt. Die Hetzer gingen von Zimmer zu Zimmer. Verzweifelt jagte der Verfolgte durch das riesige Haus und suchte einen rettenden Ausweg.

So geht es uns, wenn das Gewissen erwacht. Man will dem Zorn Gottes entrinnen – und sieht keinen Weg. Man will ein neues Leben anfangen – und kann es nicht. Man will selig werden – und weiß sich verdammt. Man will seine Sünde vergessen – und es gelingt einem nicht. Da kann man sich selbst nicht helfen. Da kann einem kein Mensch helfen. Wo ist ein Weg?

Da – am Kreuz! Da ist der Fluch ausgetan. Da ist der Zorn Gottes gekreuzigt. Da hängt deine Sünde – weggetragen – von Jesus!

3. Wie es einer erprobte

Was ist nun nötig? Nur im Glauben auf den gekreuzigten Heiland sehen und Ihm danken, dass Er für mich ein Fluch wurde! Sonst nichts!

Der große Erweckungsprediger Spurgeon erzählt so fein, wie es in seinem Leben zu diesem rettenden Blick kam. Ein furchtbarer Sturm trieb ihn einst in eine kleine Kapelle. Der Prediger war ein unstudierter Mann, der nicht einmal richtig sprach. Er redete über Jes. 45,22 (nach englischer Übersetzung): »Blickt auf mich, so werdet ihr selig, aller Welt Enden!« Nachdem er das Wort erklärt hatte, richtete er seine Augen auf den jungen Mann und – unbekümmert um die anderen Leute – sagte er: »Du siehst elend aus. Und elend wirst du bleiben, wenn du den Worten nicht gehorchst.« Und dann erhob er dröhnend seine Stimme und rief: »Junger Mann, blicke auf Jesus Christus! Und tue es jetzt!« Spurgeon berichtet: »Ich fuhr zusammen. Zugleich aber richtete ich meinen Blick auf Jesus und – war selig. Es war das Werk eines Augenblicks, der Übergang vom Tod zum Leben. Die finstere Wolke, die mich jahrelang umschattet hatte, war verschwunden, – ich sah die Sonne. Ich sah den Gnadenratschluss Gottes. Ich musste mit der Gemeinde jubelnd singen vom teuren Blut Christi.«

So ruft jetzt der Heiland uns zu: »Seht auf mich, so werdet ihr selig!«

Die Freistädte

Und sollen unter euch solche Freistädte sein vor dem Bluträcher, dass der nicht sterben müsse, der einen Totschlag getan hat.
4.Mose 35,12

Kein Mund ist imstande, genügend auszusagen, was an jenem Karfreitag geschah, als Gott Seinen Sohn dahingab für uns. Kein Dogma kann das Geheimnis des Kreuzes in genugsamer Weise beschreiben.

Aber wir dürfen ganz praktisch erfahren, dass das Kreuz Christi unsere Errettung ist. Wie das geschieht, möchte ich euch klarmachen an einem Mann, der viele hundert Jahre vor Jesu Geburt gelebt hat. Die Geschichte dieses Mannes aus dem Alten Bund ist ein Vorbild unserer Errettung.

Versetzen wir uns um 3000 Jahre zurück. Wir stehen an einem Grenzstein, der sagt, dass hier die Gemarkung der Stadt Sichem beginnt. Da kommt mit eilendem Schritt ein Mann daher auf der Straße von Jerusalem. Er sieht nicht die Pracht der herrlichen Berge ringsum. Er achtet nicht auf die Schönheit dieses wundervollen Tales mit seinen Olivengärten und Obsthainen.

Er eilt nur vorwärts. Als er den Grenzstein erreicht hat, bleibt er aufatmend stehen. »Gerettet!« ruft er jubelnd.
Wir halten ihn an und legen ihm drei Fragen vor.

Drei Fragen an einen, der sich um seine Errettung sorgt

1. Wohin läufst du?

»Wohin eilst du so sehr?« fragen wir den Mann. Daraufhin zeigt er auf das Städtchen Sichem, das im Sonnenglanz vor uns liegt, und sagt das seltsame Wort: »Zur Freistadt!«
Was ist denn das – eine Freistadt? In alter Zeit gab es eine Sitte, die da und dort heute noch bestehen soll: die Blutrache. Wenn jemand einen andern erschlug, dann war der nächste Verwandte verpflichtet, dem Schuldigen nachzueilen, bis er an ihm das Gericht vollzogen hatte.
Gott hat in Seiner Geduld bei den Israeliten diese Sitte bestehen lassen. Aber Er hat eine wundervolle Einrichtung getroffen: Als sie in das Land Kanaan zogen, befahl Er ihnen, sie sollten Freistädte schaffen. Wenn nun jemand aus Versehen einen andern erschlüge, dann sollte der Schuldige in die Freistadt fliehen. Hier sollte er sicher sein.

Ich habe mir das lebhaft vorgestellt: Da sind ein paar Männer beim Holzfällen. Einer holt weit aus und trifft einen andern mit seiner Axt an den Kopf. Der sinkt tot um. Die Arbeitskameraden werden aufmerksam. Sie springen herbei. Da lässt der Schuldige alles liegen und rennt los. Er läuft um sein Leben. Er gönnt sich keine Ruhe. Schon liegt Sichem vor ihm. Da sieht er die Verfolger dicht hinter sich. Obwohl seine Kraft zu Ende ist, rennt er weiter. Da ist der Grenzstein. Er sinkt nieder. Die Verfolger bleiben stehen, kehren um.

Ich habe das früher in der Bibel recht uninteressiert gelesen. Bis ich selber in die Lage des Schuldigen kam. Ich sah einen furchtbaren Rächer hinter mir: Gottes Gesetz. O ja, ich habe es übertreten! Wohin soll ich fliehen vor Seinem Zorn? Er wird mich einholen. Und Seine Gerechtigkeit wird mich richten.

Da hörte ich im Evangelium von einer Freistadt. Es ist Jesu Kreuz auf Golgatha. Es ist eine herrlichere Freistadt als Sichem. Dorthin durfte nur fliehen, wer versehentlich gefehlt hatte. Golgatha aber ist Freistadt für alle Sünder.

Nun lasst uns noch mal zu jenem Mann zurückkehren, der nach Sichem floh. »Höre!« sagen wir zu ihm. »Du bist aber gut dran, dass du diese Freistadt so in der Nähe hattest! Was soll aber einer tun, der weit weg von Sichem wohnt?« Da antwortet er uns: »Gott hat bestimmt, dass mehrere Freistädte vorhanden sind. Es gibt keinen Ort, von wo aus nicht schnell eine Freistadt zu erreichen wäre.«

Welch herrliches Bild für das Kreuz von Golgatha! Es ist jedem nahe. Jesus Christus ist überall erreichbar. Und es ist keiner unter uns, der nicht heute zu Ihm fliehen dürfte.

2. Warum fliehst du?

Das ist die zweite Frage, die wir dem Mann dort in Sichem stellen: »Warum läufst du nach Sichem?« Nun, nach dem bisher Gesagten kennen wir seine Antwort: »Meine Schuld treibt mich!«

Schuld! Sünde! Das ist ein Wort, das dem natürlichen Menschen verhasst ist. Vor kurzem sagte mir ein kluger Mann: »Ich bin so traurig über mein Volk. Wir klagen heute die ganze Welt an. Aber wir drücken uns an dem Bekenntnis vorbei: Wir sind schuldig! Wir ernten heute, was wir gesät haben. Und wir alle tragen doch mit Schuld.« Haben wir uns unsern Anteil an der Schuld unseres Volkes einmal klargemacht?

Ja, häufen wir nicht jeden Tag vor Gott Schuld auf Schuld? O dass wir doch Zwiesprache halten wollten mit unserem Gewissen! Es ist so befreiend, wenn wir vor Gott treten und bekennen: »Ich habe gesündigt!«

Unsere Väter waren darin – wie ich glaube – viel aufrichtiger. Ich habe in meiner Bücherei ein altes Kommunion-Büchlein, das behilflich sein will zu einer rechten Vorbereitung fürs Heilige Abendmahl. Da zeigt der Verfasser, wie man sein Leben an den Geboten Gottes prüfen muss. So sollten wir mit unserem Gewissen Zwiesprache halten. Dann verginge uns unsere falsche Sicherheit. Dann würden wir uns dem Lauf des Mannes anschließen, der zur Freistadt eilt.

Lasst uns wieder zu diesem Manne zurückkehren. Ich möchte ihn fragen: »Sag mal, ich sehe dich ganz allein laufen. Warum kümmerst du dich nicht darum, was die anderen tun?« Da antwortet er mir: »Was gehen mich in meinem Fall die anderen Leute an? Ich, ich habe gesündigt! Hier ist nur die Rede von meiner Schuld.«

So geht es allen denen, die nach Golgatha eilen zum Kreuz Jesu. Ihr Gewissen ist so laut geworden, dass es ihnen vergangen ist, von der Sünde anderer zu reden. Sie wissen nur noch eins: Ich bin verloren, wenn sich mir die Freistadt nicht auftut.

So eilen sie zum Kreuz. Sie haben keine Zeit zu verlieren – wie der Mann, der nach Sichem lief. Er hatte nicht erst Abschied genommen zu Hause. Er war noch in seiner Arbeitskleidung. O dass wir es so eilig hätten, die Freistadt für Sünder im Kreuz Jesu aufzusuchen! Wer weiß denn, ob es morgen nicht zu spät sein kann?! Wie, wenn der Tod uns heute überfiele in unsern Sünden und schleppte uns vor Gottes Tribunal?

3. Wer schützt dich in der Freistadt?

Wir stehen noch einmal vor dem Mann, der nach Sichem floh. Und wir fragen ihn: »Wer schützt dich nun hier? Wir sehen doch keine starken Mauern um Sichem. Warum fühlst du dich hier sicher?« Und er antwortet: »Weil Gott es so bestimmt hat.«

Gott selber hat uns die Freistadt auf Golgatha geschenkt. Gott selber hat es bestimmt: »… auf dass alle, die an den gekreuzigten Heiland glauben, nicht verloren werden, sondern das ewige Leben haben.« Gott selber hat es so festgesetzt, dass Jesus, der Gekreuzigte, »die Versöhnung ist für unsre Sünden, und nicht nur für die unsrigen, sondern für die der ganzen Welt«.

Versteht ihr, was das heißt? Wenn 10.000 Bluträcher gegen unsern Freund heranzögen, dann dürfte er sich doch an den Grenzstein lehnen und gelassen zusehen, wie alle 10.000 abziehen müssten.

Mehr als 10.000 menschliche Bluträcher haben sich gegen mich aufgemacht: Gottes Gesetz verklagt mich hart. Ich habe es übertreten. Gottes Zorn entbrennt mit Recht gegen mich – das stellten wir eben schon fest. Dazu hält mein eigenes Gewissen mir vor: »Du bist ein Sünder und Gottloser!« Der Teufel behauptet, ich hätte mich ja längst mit ihm eingelassen, und er habe ein Recht auf mich. Die Welt hält mich mit tausend Klammern und sagt: »Du gehörst mir!«

Wohin soll ich denn noch fliehen? Das Kreuz Jesu ist meine Freistadt. Da darf ich im Glauben stehen und allem trotzen, sogar dem Tod! Gott hat die Freistadt gesetzt. Wer will ihren Frieden brechen?! Und so singt der Glaube, zitternd und doch geborgen:

»Nichts, nichts kann mich verdammen,
Nichts nimmet mir mein Herz;
Die Höll' und ihre Flammen,
Die sind mir nur ein Scherz;
Kein Urteil mich erschrecket,
Kein Unheil mich betrübt,

*Weil mich mit Flügeln decket
Mein Heiland, der mich liebt.«*

Das Denkmal in Gilgal

Und die zwölf Steine, die sie aus dem Jordan genommen hatten, richtete Josua auf zu Gilgal.
Josua 4,20

Erlaubt mir, dass ich eure Aufmerksamkeit auf ein seltsames Denkmal richte.
Ich weiß: Denkmäler stehen bei uns nicht hoch im Kurs. Die Zeiten ändern sich zu schnell. Ein Mann, dem man vielleicht heute ein Denkmal errichten wollte, ist morgen schon vergessen oder als Verbrecher entlarvt. Darum hat unsere Zeit an Stelle von Denkmälern einfach und praktisch die Straßennamen gesetzt. Die lassen sich schnell und billig ändern und sind auch eine ganz hübsche Erinnerung.
Wir sind also wieder einmal sehr unzeitgemäß, wenn wir uns mit einem Denkmal beschäftigen. Und nun gar mit einem Denkmal, das vor 3000 Jahren bei Gilgal am Jordan errichtet wurde!
Aber es lohnt sich, dies Denkmal anzusehen. Denn es ist ein Vorbild und eine Abschattung des wichtigsten Denkmals aller Zeiten: des Kreuzes auf Golgatha.

Was das Denkmal am Jordan bedeutet

1. Es bezeugt eine Entscheidung Gottes

Nun muss ich zunächst von dem Denkmal erzählen. Da wird uns im Buch Josua berichtet, wie das Volk des Alten Bundes, das Gott aus der schrecklichen Sklaverei in Ägypten erlöst hatte, nach 40-jähriger Wanderung am Jordan stand. Dort drüben lag das ersehnte Land der Freiheit. Aber – es führte kein Weg hinüber. Und es gab wirklich keine menschliche Möglichkeit, dass dies arme Nomadenvolk mit Weibern, Kindern und Herden im Angesicht seiner Feinde über den Strom kommen konnte. Nun war eigentlich alles zu Ende.

Doch der lebendige Gott war noch da. Er schafft spielend Wege, wo wir keine mehr sehen. Ja, Gott war noch da!

Aber – da war ein schlimmes »Aber«! Die 40 Jahre, die hinter Israel lagen, waren böse Jahre, voll von Ungehorsam gegen Gott oder von Gleichgültigkeit gegen Ihn. Da hatte man sich gegen Gott empört oder war Ihm weggelaufen. Wie oft hatte Gott sagen müssen: »Sie haben mich erzürnt …«

Ist das nur Israels Geschichte, oder ist es nicht auch die unsrige?

Und nun standen sie am Jordan. Festgefahren!

Was nun? Da greift Gott ein: Er befiehlt, dass die Priester die Bundeslade, das Zeichen Seiner Gegenwart, ergreifen und in den Fluss hineingehen sollen. Einfach hineingehen! Die tun das. Und nun geschieht das Wunder: Vor ihrem Fuß weichen die Wasser zurück. Gott schafft einen Weg. Seine Hände halten die Wasser auf. Mitten im Strom bleiben die Priester stehen. Das Volk zieht an ihnen vorbei – hindurch. Und da lässt der Anführer Josua zwölf große Felsblöcke aus dem Strombett aufnehmen. Als alles vorbei ist, werden die am Ufer zu einem Denkmal geschichtet.

Was predigt das Denkmal? Es sagt: Gott entschied sich für uns. Er entschied sich für uns, als wir es nicht erwarten durften. Er entschied sich für uns, obwohl wir Ihn erzürnt und betrübt haben. Er entschied sich für uns aus reiner, bloßer Gnade, »ohn' all unser Verdienst und Würdigkeit«.

Solch ein Denkmal sollten wir heute haben; heute, wo kein Mensch mehr weiß, wie wir mit Gott dran sind! Wo nur eins klar ist, dass wir Ihn schlimmer erzürnt haben als Israel. Ja, solch ein Denkmal sollten wir haben!

Das ist die »Frohe Kunde« (= Evangelium): Wir haben solch ein Denkmal! Es ist das Kreuz Jesu von Golgatha. Es sagt dir, dem Sünder:

Gott hat sich für dich entschieden. Aus lauter Liebe und Gnade. Gott will dich. Gott sagt »Ja« zu dir.

Ich entsetze mich bei dem Gedanken, es könnte einer hier diese Botschaft zur Kenntnis nehmen und dann in seinem Leben alles beim Alten lassen. Das Kreuz sagt: Gott hat sich für dich entschieden. Nun ist eine Entscheidung bei dir fällig.

Mit ein paar Brüdern bete ich vor jedem Gottesdienst. Und da bewegt es mich, dass einer jedes Mal bittet: »Herr, lass Entscheidungen für Dich fallen!«

2. Es spricht vom Weg an das andere Ufer

Im Geiste sehe ich in späteren Zeiten einen Vater aus Israel mit seinem Sohn an dem Denkmal vorbeigehen. Der Junge fragt: »Vater, was ist das für ein seltsamer Steinhaufen?« Und dann erzählt der Vater: »Sieh, wir standen einst ratlos dort drüben. Wo wir standen, war die Wüste. Am anderen Ufer war das blühende Land. Wo wir standen, war die Unruhe. Am andern Ufer waren die Ruhe und der Friede. Wo wir standen, waren die Armut und die Not. Am andern Ufer war der Reichtum ... O wie sehnten wir uns nach dem andern Ufer! Aber wir sahen keinen Weg. Und nun sieh das

Denkmal an: Hier hat Gott uns einen wundersamen Weg bereitet, den Weg an das andere Ufer.« So spricht der Vater. Und in seinen Augen glänzen die Tränen der Bewegung.

Wir leben von Natur alle in der Wüste. Davon singt ein Dichter: »Hier ist Müh / morgens früh / und des Abends spät, / Angst, davon die Augen sprechen, / Not, davon die Herzen brechen. / Kalter Wind oft weht.« Und ein anderer schildert die Menschen dieser Wüste: »Sie suchen, was sie nicht finden, / in Liebe und Ehre und Glück / und kommen beladen mit Sünden / und unbefriedigt zurück.« Und das Schrecklichste: Es ist eine Welt ohne Hoffnung. Was hast du zu erwarten? Das Grab! Und dann? Das Gericht Gottes. Und wer könnte da bestehen?

Haben wir nicht schon manchmal Sehnsucht gehabt nach dem andern Ufer? Nach einer Welt, wo man Frieden im Herzen und Frieden mit Gott hat? Wo man sich ein Kind des lebendigen Gottes nennen darf? Wo man Vergebung der Sünden und Trost in allem Leide kennt? Wo man das ewige Leben schon ergriffen hat und sich hier schon auf den Himmel freuen kann? In unsern besten Stunden schreit unser armes, friedeloses Herz: »Wo ist das Denkmal, das Zeichen, dass mir der Weg zum andern Ufer gebahnt ist?«

Gott sei Dank! Wir wissen eine Antwort: Der Weg zum andern Ufer führt über das Kreuz Jesu auf Golgatha. Darüber wäre viel zu sagen. Aber heute kann ich euch nur ganz allgemein die Richtung weisen: »Der Weg zum Paradiese / führt über Golgatha.«

3. Es ruft die Welt

Als dort am Jordan die Felsblöcke aufgeschichtet waren, sagte Josua zum Volk: »Wenn eure Kinder hernach ihre Väter fragen: Was sollen diese Steine?, so sollt ihr ihnen sagen: Israel ging trocken durch den Jordan ... auf dass alle Völker auf Erden die Hand des Herrn erkennen.«

Wenn dieser Steinhaufen schon ein Ruf an die Welt war, wie viel mehr gilt das für das Kreuz, auf das jenes Denkmal hinweist.

Was wir predigen, geht alle Völker und Menschen an. Seit dem Turmbau zu Babel ist die Zertrennung und Not der Völker- und Menschenwelt ins Ungemessene gewachsen. Und was einst Jesaja sagte, gilt heute mehr als je: »Sie gingen alle in der Irre wie Schafe, und ein jeglicher sah auf seinen Weg.« Und das ist ein Irrweg!

Das Kreuz ruft die Menschen aller Völker zum Heil Gottes. Jener Steinhaufen stand in Gilgal.

Gilgal heißt auf deutsch etwa »wegwälzen«. Das ist bedeutungsvoll. Die Menschen tragen unendliche Lasten. Von der größten Last jedoch reden sie nicht gern, von der Schuld vor Gott.

Das Kreuz aber ist das Gilgal für die Welt: Hier dürfen wir alle, alle Lasten abwälzen, Schuld und Not und Sorge. »Komm zum Kreuz mit deinen Lasten, / müder Pilger du. / An dem Kreuze kannst du rasten. / Da ist Ruh.«

Rahab

Aber die Stadt Jericho verbrannten sie mit Feuer und alles, was darin war ... Rahab aber, die Hure, samt dem Hause ihres Vaters und alles, was sie hatte, ließ Josua leben.
Josua 6,24.25a

Vor vielen Jahren hatte ich einmal ein komisches Erlebnis: Da geriet ich bei meinen Besuchen in eine Wohnung, wo ein netter junger Mann mich begrüßte. Wir kamen ins Gespräch, und ich freute mich an seinen verständigen Ansichten. Schließlich lud ich ihn in unsre Bibelstunde ein. Da sagte er höflich: »Ich danke Ihnen. Ich werde es der Oma bestellen.«
Er war ernsthaft überzeugt: Das Evangelium ist eine Sache für alte Leute, die sonst nichts mehr vom Leben haben.
Leider steht er mit dieser seiner Ansicht nicht allein. Es ist einfach unerträglich, wie den meisten das Evangelium eine harmlose und uninteressante Sache geworden ist. Dass wir es doch begreifen möchten: Das Evangelium ist eine gewaltige Errettungsbotschaft. Wer es verachtet oder verwirft, tut es auf eigene Gefahr. Die Gefahr heißt: Zorn Gottes!

Das Evangelium ist die Botschaft der Errettung vom Zorn Gottes. Davon spricht auch diese alttestamentliche Geschichte. Wir überschreiben sie:

Das Haus der Errettung

1. Die verlorene Stadt

Da war also die Stadt Jericho, eine der Hauptstädte der kanaanitischen Kulturwelt.
Durch diese Stadt schritten eines Tages zwei Kundschafter des alttestamentlichen Gottesvolkes. Was sahen diese Männer? Ungefähr dasselbe, was man heute erblickt, wenn man einmal die Augen aufmacht: Eine reiche Welt, üppige Geschäftsstraßen, rauschende Feste. Sie fanden ferner eine starke Militärmacht vor, trotzige Offiziere und modernste Waffen. Weiter fiel ihr Blick auf herrliche Tempel und einen reichhaltigen religiösen Kultbetrieb.
Aber diese beiden Kundschafter waren Leute, denen Gott die Augen geöffnet hatte, dass sie tiefer sahen. Und so merkten sie: Hier ist eine Welt ohne Gott.
Eine Welt ohne Gott – das ist unheimlich. Und so entdeckten diese Männer auch die unheimlichen Züge im Gesicht Jerichos – wie sie jeder bei uns finden kann: Sie sahen neben

dem Reichtum die grauenvollste Sklaverei. Es erschütterte sie, wie die Selbstsucht triumphierte, wie die Besitzenden kaltherzig an der Not vorübergingen. Sie sahen zerrüttete Ehen, Jugend ohne Halt, Religion ohne Glauben.
Und auf einmal entdeckten die Kundschafter: Das ist nicht eine Stadt nur ohne Gott. Das ist vielmehr eine Stadt, auf die sich die dunkle Wolke des Zornes Gottes herabsenkt. Eine gerichtsreife Stadt! So berichten sie: »Gott hat sie dahingegeben.« Und es geht ihnen auf, dass die Menschen das ahnen. Sie finden überall eine dunkle Angst.
Das verlorene Jericho ist ein Bild der Welt unter dem Zorn Gottes. Diese Welt geht Gerichtskatastrophen entgegen, deren Schatten ja schon über uns liegen. Aber mehr noch! Wir alle gehen auf das letzte große Endgericht Gottes zu. Hast du schon einmal den Zorn Gottes gefürchtet? Natürlich ist dir schon Angst davor geworden. Aber vielleicht hast du das abgeschüttelt, wie die Leute in Jericho das Grauen zu vertreiben suchten. Das aber ist sehr töricht.
In 4.Mose 15 sagt Gott: »Wenn eine Seele bewusst sündigt, die hat den Herrn geschmäht. Solche Seele soll ausgerottet werden ... denn sie hat des Herrn Wort verachtet und sein Gebot fahren lassen. Ja, sie soll ausgerottet wer-

den; die Schuld bleibe auf ihr.« Wer von uns hat noch nicht bewusst Gottes Gebote verletzt? Und da wagen wir zu tun, als seien nicht die Wolken Seines Zornes über uns? Ach, wir wissen das ganz genau. Und darum ist das Kennzeichen unsrer Zeit die geheime Angst und Flucht davor.

Jericho war eine verlorene Stadt. Und wir leben in einer verlorenen Welt.

2. Das Haus der Errettung

Eines Tages stand Josua (das ist die hebräische Form des Namens Jesus), der Vollstrecker des göttlichen Gerichts, vor Jericho. Schweigend umzogen seine Heerscharen die Stadt. Ich denke, dass die Leute von Jericho lachend das Grauen abzuschütteln versuchten. Aber es war Eis in ihrem Lachen. Sie ahnten: »Irret euch nicht, Gott lässt sich nicht spotten!«

Dann kam das Ende. Gott selbst stürzte die Mauern um, Jericho ging unter in Flammen.

Wer aber in diesem Chaos die Augen offen hielt, sah etwas Seltsames: Eine einzige Mauerzacke blieb stehen. Und auf diesem Mauerrest klebte ein kleines Haus. Geradezu unwahrscheinlich war es, wie dies auf die Mauer gebaute Haus bewahrt blieb. An dem Haus hing ein rotes Seil. Wenn die mit dem Schwert würgenden Rächer der Ehre Gottes dies rote Seil sahen, gingen sie vorüber, und das Haus blieb im Frieden.

Dies Haus des Friedens und der Bewahrung ist ein herrlicher Hinweis, eine Verheißung auf das Kreuz Jesu, des Sohnes Gottes. Wenn die Gerichte Gottes beginnen, wenn die Welt vergeht und die Hölle ihre Pforten öffnet, um die Verächter aufzunehmen, dann wird offenbar: Es gibt nur einen einzigen sicheren Platz, einen Ort der Bewahrung: das Kreuz.

Ein rotes Seil hing an jenem Haus als Erkennungszeichen. Ein alter Ausleger hat gesagt: »Dem Teufel zum Trotz muss die rote Farbe dabei sein. Denn sie redet von dem Blut Christi, das für uns vergossen wurde.«

Aber nun muss ich euch kurz berichten, warum dies eine Haus in Jericho bewahrt blieb. Kehren wir zurück zum Anfang der Geschichte: Als die Kundschafter Josuas Jericho durchstreiften, wurden sie entdeckt und verfolgt. Sie flüchteten in ein öffentliches Haus. Das gehörte einem sehr schlechten Weibe, der Hure Rahab. Und nun geschah etwas Gewaltiges. Dies Weib legte ein Bekenntnis ab. Der Inhalt und der Sinn ihrer Rede war etwa folgender: »Wir haben übel getan. Und darum sind die kommenden Gerichte eures Gottes Jehova gerecht. Ich möchte mich auch zu eurem gesegneten Volk Gottes schlagen. Denn alle Seine Worte sind Wahrheit.«

Und dann hat Rahab die Kundschafter versteckt und sie schließlich an dem roten Seil über die Mauer der Stadt hinabgelassen. Ehe die Boten aber schieden, rieten sie der Rahab: »Lass das rote Seil als Erkennungszeichen im Fenster hängen! Dies soll ein Haus der Errettung sein. Und versammle alle deine Freunde und Verwandten zu dir, dass auch sie bewahrt bleiben!«

Rahab glaubte, ergriff die Rettung und wurde erhalten im Gericht.

So wird es auch am Jüngsten Tag sein. Es werden nicht die Mächtigen errettet, nicht die Weisen, nicht die, welche sich selbst für gut halten, sondern nur die, welche Gott die Ehre geben und sich im Haus der Errettung aufhalten, nämlich unter Jesu Kreuz. Es ist doch zum Aufhorchen: Eine der größten Sünderinnen, die Hure Rahab, wurde errettet. Jesu Kreuz errettet Sünder, Verlorene, die von Gott nichts zu hoffen hatten.

3. Eine Einladung an uns

Ich sehe im Geist, wie die Rahab vor dem Untergang Jerichos durch die Straßen eilte und in ihr Haus einlud. Was wird sie dabei erlebt haben?

Die einen antworteten: »Ich will mir's überlegen.« Und sie überlegten, bis es zu spät war. Die andern sagten: »Die Rahab ist überspannt. Wir sind doch auch religiös.« Und sie kamen im Gericht um. Manche aber wurden nachdenklich und gingen mit der Rahab. Die wurden errettet.

So wie die Rahab damals in ihr Haus der Errettung einlud, so möchte ich euch zum Kreuz rufen. »Lasst euch erretten von diesem verkehrten Geschlecht«, hat einst am ersten Pfingsttag der Petrus gesagt. Seitdem geht der Ruf zum Kreuz durch die Welt. Ob wir ihn wohl hören und ihm folgen?

Achor

Und da sie sie gesteinigt hatten, machten sie über sie einen großen Steinhaufen, der blieb bis auf diesen Tag. Also kehrte sich der Herr von dem Grimm seines Zorns. Daher heißt derselbe Ort das Tal Achor.
Josua 7,25.26

Ein alter Bruder aus dem Siegerland kam einst in ein Christenhaus zu Besuch. Als er von der Verlobung des Sohnes hörte, legte er ihm die Hände auf die Schultern und fragte ernst: »Es ist doch wohl nicht eine von den Töchtern der Kanaaniter?«

Die Frage verblüffte zuerst nach Form und Inhalt den jungen Mann. Aber dann konnte er fröhlich in die fragenden Augen hinein antworten, dass seine Braut aus einem Christenhaus stamme und selbst im Glauben an Jesus als ihren Heiland stehe.

Es ging ihm damals ganz groß auf, dass es ein Volk Gottes gibt. Und dass es eine Auszeichnung ist dazuzugehören.

Inwiefern ist es eine Auszeichnung? Sind Kinder Gottes reicher und gesunder als andere Leute? Nein! – Haben sie weniger Not zu tragen als andere? Nein! – Haben sie weniger

Kämpfe als andere? Nein! Sogar mehr! – Worin besteht die Auszeichnung?

Hätten wir zu Josuas Zeiten einen Mann aus dem alttestamentlichen Volk Gottes so gefragt, dann würde er uns zum Tal Achor geführt und auf einen riesigen Steinhaufen gezeigt haben: »Darin liegt unser Vorzug!« Um das zu verstehen, müssen wir uns die alte Geschichte vergegenwärtigen.

Wir sehen uns in Achor um

1. Das Denkmal des Verworfenen

Das Gottesvolk des Alten Testaments war in Kanaan eingezogen. Es begann das Land zu erobern. Große und herrliche Siege lagen hinter ihm.

Da kam der Rückschlag: Vor den kümmerlichsten Haufen der Feinde mussten sie fliehen. In der großen Not schrie Josua zum Herrn. Der antwortete: »Ihr könnt nicht siegen. Ihr steht unter einem Bann. Ihr habt einen Dieb unter euch, der sich an dem Gut vergriffen hat, das mir geheiligt war.«

Es ist eine spannungsreiche Schilderung, wie nun Josua das Volk zusammenruft und das Los wirft, um den Verworfenen zu ermitteln: Zuerst wird der Stamm Juda getroffen, von den Geschlechtern Judas dann das Geschlecht der Serahiter. Immer engere Kreise zieht das Los, bis es endlich auf Achan fällt. Zitternd gesteht der seine Schuld.

Da nimmt man ihn, das gestohlene Gut und all seinen Besitz und was zu ihm gehörte. Man führt ihn in das einsame Tal Achor. Es ist eine schauerliche Szene, wie er mit all dem Seinen gesteinigt wird. Ein riesiger Steinberg verkündet: »Der Bann ist abgetan.« Da geht über dem Volk Gottes die Sonne der Gnade Gottes neu auf, und es schreitet von Sieg zu Sieg.

Wir stellten uns eben vor, dass ein Mann uns dorthin führt und erklärt: »Hier ist der Vorzug von Gottes Volk.« Ich höre, wie er sagt: »Sieh, bei den Heiden achtet man die Sünde gering. Die Schuld liegt auf ihnen als Bann; wie eine dunkle Wolke ist Gottes Zorn über ihnen und wird immer dunkler. Über uns aber leuchtet die Sonne der Gnade. Denn der Bann ist hinausgetan. Des sind wir fröhlich!«

2. Unser Achan heißt Jesus Christus

Wer den Herrn Jesus Christus lieb hat, der fährt gewiss jetzt innerlich auf und denkt empört: Wie kannst du den schmutzigen Dieb Achan mit dem reinen Jesus vergleichen? Wie kannst du den verworfenen Achan neben den

Sohn Gottes stellen, dem der Vater sagte: »Du bist mein lieber Sohn!«?

Und doch, ich muss es tun. Und wer es versteht, hat das Evangelium verstanden. Auf Achan lag der Fluch, die Schuld, der Bann. Und erst als der Bann, der Fluch, die Schuld in Achan hinweggetan waren, hatte die Gnade das Wort.

Genauso ist es mit unserm Herrn Jesus Christus. Auch auf Ihm lag die Schuld. Aber hier ist nun der große Unterschied zwischen Ihm und Achan: Achan trug seine eigene Schuld. Der reine, unschuldige Sohn Gottes trug unsere Schuld. Man muss recht fassen, was Gottes Wort in Jesaja 53 sagt: »Der Herr warf unser aller Sünde auf ihn.« Im Galaterbrief steht: »Er ward ein Fluch für uns.«

Auf Jesus lag nun aller Bann, alle Schuld, aller Fluch. Und dieser Schuldbeladene wurde hinausgetan. Er wurde mit allem, was zur Sünde gehört, weggeworfen – wie Achan. Von den Menschen wurde Er an das Kreuz genagelt. Und von Gott wurde Er verworfen, dass Er entsetzt schrie: »Mein Gott, warum hast du mich verlassen!« In Römer 8,3 heißt es, dass Gott »in seinem Fleisch die Sünde verdammte«. Und in 2.Korinther 5: »Gott hat ihn für uns zur Sünde gemacht.«

Als unser Achan Jesus starb, ging das Verheißungswort aus Sacharja 3,9 in Erfüllung: »Ich will die Sünde des Landes wegnehmen auf einen Tag.«

Der alte »Posaunengeneral« Kuhlo hat einmal gepredigt über die Frage des Pilatus: »Was soll ich denn tun mit Jesus?« Und da hat er das Unerhörte und doch so Richtige ausgesprochen: »Wenn ich dort unten beim Volk gestanden hätte und Pilatus hätte mich so gefragt, dann hätte ich mitgeschrien: ›Kreuzige Ihn!‹ Denn auf Ihm lag nun alle Schuld, alle Sünde und aller Fluch. Und wenn Er gekreuzigt wurde, dann war aller Bann hinweggetan.«

Wie dankt es Gottes Volk dem Sohn des lebendigen Gottes, dass Er für uns zum Achan wurde!

3. Unser Achor heißt Golgatha

In unserem Text heißt es von dem großen Steinhaufen: »Der blieb bis auf diesen Tag.« Ein ewiges Denkmal in Israel, dass der Bann hinweggetan wurde und die Gnadensonne aufging! Dies seltsame Wort brachte mich darauf, dass hier ein Hinweis auf das Kreuz Christi ist. Denn das Kreuz steht als Denkmal der weggetanen Schuld durch alle Jahrtausende.

Wie manches Mal hat wohl später ein israelitischer Vater sein Söhnlein an die Hand genommen, ist mit ihm hinaus nach Achor gegangen, hat ihm den Steinhaufen gezeigt und bewegt gesagt: »Hier wurde die Schuld aus Israel getan, hier wendete sich Gottes Zorn, von hier aus begann unser Siegesleben.«

So dürfen wir nach Golgatha hinausgehen, nach unserm Achor. Wir Sünder, die wir es genau wissen, dass wir unter Gottes Fluch stehen, wollen nach Golgatha gehen und den Gekreuzigten ansehen, bis wir im Gewissen erfahren: »Der Bann wurde von mir genommen. Der Grimm des Zornes Gottes hat sich in Gnade verwandelt.«

Vielleicht sind auch Christen unter uns, die – wie Israel – nicht mehr siegen können. Sie taumeln von einer Glaubenslosigkeit und von einer Niederlage zur andern. Gehe nach Achor und »wirf dem Sündentilger zu Füßen deine Last«. Lass allen geheimen Bann unter Seinem Kreuz mit begraben sein! Dann verspricht Gottes Wort dir Sieg.

»Achor« heißt »Betrübnis«. Ja, betrübte Leute zogen nach Achor. Aber zurück kehrten fröhliche Sieger. So ist es mit Golgatha. Ein Strom von beladenen Gewissen, unglücklichen Herzen, schwermütigen Seelen, friedelosen Gemütern zieht nach Golgatha. Aber der Mann am Kreuz hat alles auf sich und in Seinen Tod hineingenommen. So kehren begnadigte, fröhliche, friedvolle Leute von Golgatha zurück. Auch dafür finden wir wundervolle Andeutungen im Alten Testament. Da steht bei Jesaja, dass das Tal Achor – »Betrübnis« ein herrliches Weideland werden soll. Und in Hosea heißt es, dass es ein »Tor der Hoffnung« sein soll. Ja, in der Tat! Golgatha – Achor ist unser »Tor der Hoffnung«.

Simsons Tod

Da fiel das Haus auf die Fürsten und auf alles Volk, das darin war, dass der Toten mehr waren, die in Simsons Tod starben, denn die bei seinem Leben starben.
Richter 16,30b

An der herrlichen Promenade, die in Frankfurt am Main entlangführt, steht das Städelmuseum. Das enthält eine reiche Gemäldesammlung.

Mein Elternhaus lag dicht hinter dem Museum. Als ich noch ein Junge war, führte meine Mutter uns jeden Sonntag nach dem Gottesdienst dorthin. Bald waren wir wie zu Hause unter den Kunstschätzen.

Wenn ich mir diese Vormittage in das Gedächtnis rufe, dann steht immer ein Bild Rembrandts vor meiner Seele: ein riesengroßes Gemälde, das die Blendung Simsons darstellt. Man sieht einen sehr starken Mann, der sich in Fesseln am Boden wälzt. Triumphierende Philister schleppen eine glühende Eisenstange herbei, um ihm die Augen auszustechen. So wurde mir die tragische Gestalt dieses »Richters in Israel« früh vertraut.

Aber erst bei tieferem Bibelstudium erkannte ich, dass er – wie alle alttestamentlichen Erzväter, Heilande und Propheten – einen Zug hat, der ihn zum »Schatten« Jesu werden lässt. Den möchte ich aufzeigen.

Der sterbende Sieger

1. Er stirbt in grenzenloser Einsamkeit

Wer war denn Simson?
Gottes Volk seufzte unter dem Druck der Heiden, der Philister. Da bestimmte Gott schon vor dessen Geburt den Simson zum Erlöser des Volkes Gottes. Im Richterbuch nennt die Bibel solche Männer »Richter« oder »Heilande«. Mit diesem letzten Ausdruck werden wir darauf gestoßen, dass solch ein Mann ein Hinweis ist auf den wirklichen Heiland und Erlöser, Jesus Christus.

Gerade an Simson nun wird deutlich, dass ein wirklicher Erlöser von oben kommen muss. (Und unsere Zeit sollte es nach all den Erfahrungen endlich auch begreifen.) Simson hat wohl große Taten vollbracht. Aber seine Kraft wurde immer wieder gebrochen, weil er sich mit den heidnischen Frauen einließ. Ist das nicht die Geschichte manches Mannes, den Gott zum Segen gesetzt hatte?!

Solch ein Weib, die Delila, brachte ihn in die Gewalt der Feinde. Sie schor ihm heimlich seine langen Haare ab, das äußere Zeichen seiner Gott-Verlobtheit. Nun verließ ihn seine Kraft. Er wurde gefesselt, geblendet und in einen Kerker geworfen. Dort wuchsen ihm die Haare und die Kraft wieder.

Nach einiger Zeit feierten die Philister ein Fest im Tempel ihres Götzen Dagon. Zur Erhöhung der Festesfreude holte man Simson aus dem Kerker, stellte ihn zwischen zwei Säulen, drückte ihm eine Harfe in die Hand. Nun sollte er singen.

Aber Simson warf die Harfe weg, ergriff die zwei Säulen und neigte sich kräftig. Da stürzte der Tempel ein. Simson ward mit den Tausenden unter den Trümmern begraben.

Ich habe im Geist diesen Simson dort zwischen den Säulen stehen sehen, den Riesen mit der albernen Harfe in der Hand. Er ist ganz verlassen. Ringsum nur spottendes Lachen.

Und nun ist mir, als tauche hinter diesem einsamen Mann das Bild des Gekreuzigten auf. Auch Ihn hat man lächerlich machen wollen. Davon spricht die Dornenkrone. Er ist ganz verlassen. Ringsum nur Spott und Gelächter und Hass.

Dies einsame Sterben Jesu hat einen tiefen

Sinn, der schon im Alten Testament aufgezeigt wird. Jes. 59,16 steht: »Gott sieht, dass niemand da ist, und verwundert sich, dass niemand ins Mittel tritt; darum hilft er sich selbst.« Und Jes. 63,4 f.: »Die Zeit, die Meinen zu erlösen, ist gekommen. Und ich sah mich um, und da war kein Helfer. Und ich verwunderte mich, und niemand stand mir bei.« Jesus starb so allein, damit deutlich wurde: Wir konnten nichts zu unserm Heil beitragen. »Es ist in keinem andern Heil, ist auch kein anderer Name unter dem Himmel den Menschen gegeben, darin sie könnten selig werden, als allein der Name Jesus.«

2. Sein Tod wird zum Sieg

Kehren wir zu Simson zurück! Große Taten hatte er zu seinen Lebzeiten getan. Aber die Bibel berichtet, »... dass der Toten mehr waren, die in seinem Tod starben, denn die bei seinem Leben starben«. Sein Sterben war der entscheidende Sieg über die Feinde des Volkes Gottes. Wer spürt hier nicht, dass wir uns mitten im Neuen Testament befinden!

Ja, so steht es mit Jesus, unserm Herrn und Heiland. Große Dinge hat Er getan, als Er über die Straßen Palästinas ging: Er stillte den Sturm, Er sättigte Tausende, Er heilte die Aussätzigen, Er weckte die Toten auf. Und da und dort glaubte der eine oder andere an Ihn.

Aber ganz anders wurde es nach Seinem Tod am Kreuz. Er endigte mit dem Jubelruf: »Es ist vollbracht!« Welch ein Siegesschrei! Und sofort wird offenbar, dass Sein Kreuzestod der Sieg ist: Der Hauptmann bekennt sich zu Ihm. Der schüchterne Nikodemus tritt als Sein Jünger hervor. Drei Tage später zittern alle Seine Feinde vor dem Auferstandenen. An Pfingsten lassen sich 3000 auf Seinen Namen taufen. Einen Saulus, der den Kampf gegen Ihn aufgenommen hat, macht Er zu Seinem größten Zeugen.

O, ich möchte mit den Augen Gottes einen Augenblick über die Welt sehen können, um die große Schar derer zu zählen in allen Kontinenten, die jetzt, mitten in die Ratlosigkeit der Welt hinein, singen: »Lamm Gottes, deinen Wunden / verdank ich's Tag und Nacht, / dass sie den Rat gefunden, / der Sünder selig macht ...«

Die unzählbare Schar aus »allen Völkern, Sprachen und Zungen« wird »an jenem Tage« durch das Lob »des geschlachteten Lammes« offenbar machen, dass Sein Sterben am Kreuz der große Sieg war über Welt, Hölle, Teufel, Sündenmacht und Sündenschuld.

3. Sein Tod wirkt viele Tode

Blicken wir noch einmal auf den Simson!

Er starb nicht allein. Sein Tod wirkte tausend Tode. Er riss viele Philister in sein Sterben hinein.

So auch Jesus: Er riss viele in Sein Sterben hinein. Nun versteht mich bitte recht! Manche meinen sicher, ich spräche jetzt von den Märtyrern. O nein! Die würden heftig protestieren: »Jesus hat uns nicht in Sein Sterben hineingerissen, sondern in Sein ewiges Leben.«

Was soll denn das heißen: Jesus riss viele in Sein Sterben hinein?

Wer sich klar zu Jesus bekennt, der merkt bald: Meine natürliche Art ist Gott ein Gräuel. Ich bin fleischlich und sollte geistlich sein. Ich muss anders werden.

Nun kann ich mich nicht selbst anders machen. Aber ich kann Gottes Todesurteil von Golgatha auf mich beziehen. Ich kann mich mit Jesus in den Tod geben. Ja, ich muss es! Täglich muss ich das tun.

O bleibt nicht in eurem alten Wesen! Ihr geht sonst ewig verloren. Paulus sagt: »Ich bin mit Christus gekreuzigt!« Sein ganzes stolzes Pharisäerleben ist in Jesu Tod hineingerissen. Und er ermahnt: »Welche Christo angehören, die kreuzigen ihr Fleisch samt den Lüsten und Begierden.« Wer das also nicht tut, der gehört Christo nicht an – und wenn er noch so »christlich« wäre!

In uns allen lebt ein heidnisches Philisterwesen. Die Bibel nennt es den »alten Menschen«, der »durch Lüste im Irrtum sich verdirbt«. Der »alte Mensch« ist immer gedeckt von der Vernunft. Dies Philisterwesen will Jesus in Seinen Tod mitnehmen. Und die große Frage ist: Sind wir zu solchem Mitsterben bereit?

Mizpa

Da aber die Philister hörten, dass die Kinder Israel zusammengekommen waren gen Mizpa, zogen die Fürsten der Philister hinauf wider Israel. Da das die Kinder Israel hörten, fürchteten sie sich vor den Philistern. Samuel nahm ein Milchlämmlein und opferte dem Herrn ein ganzes Brandopfer und schrie zum Herrn für Israel; und der Herr erhörte ihn.
1.Samuel 7,7.9

Vor kurzem lud ich einen Mann in unseren Gottesdienst ein. Der aber lehnte ab mit der Begründung: »Ich bin kein Kirchenläufer. Aber ein Christ bin ich trotzdem. Ich bin mehr dafür, dass man das Christentum lebt.«
Nun, dafür sind wir auch. Ein Christentum, das nicht gelebt wird, ist bestimmt wertlos.
Aber – was heißt denn das: »Christentum leben«? Da haben die meisten die Antwort schnell bereit: »Christentum leben – das ist: Das Böse meiden! Human sein! Gutes tun!« usw. Und wenn man schließlich alle diese Antworten zusammenfasst, so entdeckt man, dass sie genau das meinen, was die Bibel das »Umgehen mit Werken« nennt. Dies aber – so

enttäuschend es ist – ist ganz genau das Gegenteil von Christenstand.

Das »Christentum leben« heißt nach der Bibel: »im Glauben leben«. Aus solchem Glauben muss das rechte Tun dann fließen. Aber die Hauptsache muss Hauptsache bleiben. Christlich leben – ich sage es noch einmal – heißt: im Glauben leben. Und gerade das möchte ich aus der Bibel lernen. Denn es ist etwas Großes, Starkes und Herrliches.

Im Glauben leben

1. Die bedrohten und gefährdeten Leute

Unser Text enthält einen Abschnitt aus einer wundervollen, aber auch wunderlichen Geschichte. Sie spielt in einer Zeit, in der das Volk des Alten Bundes seinen Gott vergessen hatte. Schritt für Schritt hatte es sich an die Welt verloren.

So etwas bleibt nicht ohne traurige Folgen: Wer dem Herrn nicht gehören will, der wird ein Knecht der Welt. So war Israel unter die harte Tyrannei der heidnischen Philister gekommen. Aber ein einziger Mann in Israel ging diesen Weg nicht mit. Das war der alte Prophet Samuel. Wie hat er wohl in der Stille betend um die abgefallene Gemeinde gerungen!

Nach zwanzig Jahren kam die Wendung. Der Geist Gottes wirkte, dass dieses Volk zu sich kam und sein inneres und äußeres Elend erkannte. Die Bibel erzählt: »Und das ganze Haus Israel weinte vor dem Herrn.« O was für herrliche Erweckungszeiten sind es, »wenn Scharen armer Sünder / entflieh'n der ew'gen Glut«!

Samuel sagt ihnen nun sehr nüchtern: »So ihr euch von ganzem Herzen bekehrt zu dem Herrn, so tut von euch die fremden Götter und richtet euer Herz zu dem Herrn ...!« Und dann versammelt er alles Volk in Mizpa. Hier wird ein großer Bußtag gehalten.

Nun sollte man doch meinen, die Geschichte ginge so weiter: »Der Herr wandte sich wieder zu ihnen, und alles wurde gut.« Aber seltsamerweise folgt das in dem biblischen Bericht nicht. Es geschieht vielmehr etwas sehr anderes: Während sie noch in Mizpa versammelt sind, kommt ein Bote gerannt: »Die Philister ziehen gegen uns heran mit einem gewaltigen Heer!« Da fällt eine große Angst über alle. Man muss Mitleid haben mit diesen bedrohten und gefährdeten Leuten.

Aber sind wir nicht in der gleichen Lage? Man möchte wirklich dem Herrn angehören. Man hat sein Elend ohne Ihn erkannt, man ist erschrocken über sich, hat die Götzen weggetan und ein Leben mit dem Herrn angefangen.

Und gerade dann geschieht es, dass die Hölle ihre Pforten auftut und alle Bedrohungen auf uns loslässt: Da gewinnen Versuchungen, die man längst überwunden wähnte, eine neue, unheimliche Gewalt. Da überfällt uns auf einmal ein Sorgengeist, dass man vor Nöten nicht mehr aus noch ein weiß. Da quält uns der Zweifel, ob nicht das ganze Evangelium doch eine Menschenerfindung sei. Da geraten viele in unbegründete, aber abgrundtiefe Schwermut, die alle Freudigkeit lähmt. Da verwirren die Menschen uns und bringen uns in lauter Schwierigkeiten.

»Da zogen die Philister herauf gegen Israel«, heißt es hier. Ja, das erleben alle, die dem Herrn angehören wollen, immer wieder neu.

2. Das seltsame Verhalten des Samuel

Nun kommt das Wunderliche der Geschichte. Das heißt: Wunderlich ist es nur in den Augen der blinden Welt. Die Christen können an dem Verhalten des Samuel lernen, was es heißt: im Glauben leben.

Durch die Versammlung in Mizpa läuft plötzlich die Schreckensbotschaft: »Die Philister ziehen gewappnet gegen uns heran!« Was sollte Samuel nun tun? Die Antwort ist klar: Er musste den Bußtag abbrechen und Maßnahmen ergreifen gegen den feindlichen Einfall.

Aber das alles tut Samuel nicht. Vielmehr fährt er in Gelassenheit fort mit dem begonnenen Gottesdienst: Ein Opfer wird geschlachtet und das Feuer auf dem Altar entzündet.

Da kommen neue Boten: »Die Philister sind schon ganz nahe!« Samuel bleibt ruhig. Er stellt sich und das bedrängte Volk im Glauben unter das Opfer und schreit zum Herrn.

»Das ist ja verrückt!« sagt hier die natürliche Vernunft. Nun, ein unerleuchteter Mensch weiß eben nicht, was solch ein Opfer ist. Wissen wir es? Dies Opfer ist Versöhnung mit dem lebendigen Gott.

Samuel opferte ein Milchlämmlein. Wir haben etwas Besseres: das Opfer des Sohnes Gottes auf Golgatha am Kreuz. »Siehe, da ist Gottes Lamm, welches der Welt Sünde trägt!« Unter dies Opfer dürfen wir uns im Glauben stellen. Auf den gekreuzigten Heiland dürfen wir schauen und wissen: Er ist die Versöhnung für unsere Sünden. Er ist unser Friede mit Gott. Da wird das Herz bei allen Nöten, Anfechtungen und Bedrohungen ganz still und getrost. Denn wenn wir Frieden mit dem lebendigen Gott haben, muss ja alles gut werden.

Schaut noch einmal auf den Samuel! Ich bin überzeugt, dass die Angst und Aufregung auch an seinen Nerven riss, dass seine alte Natur ihm auch allerlei andre Rettungswege vorschlug. Aber der Heilige Geist Gottes hielt ihn fest unter dem versöhnenden Opfer, dass er im Glauben sich an diese Versöhnung mit Gott klammerte und nun dem Herrn die ganze Not hinwerfen konnte.

So machen es die richtigen Christen. Das heißt: im Glauben leben!

3. Der wunderbare Ausgang

Nun müssen wir unbedingt noch den Schluss der Geschichte ansehen. Ich stelle mir vor, wie immer neue Schreckensboten ins Lager Israels kommen. »Es muss doch etwas geschehen!« rufen die weltklugen Leute im Hintergrund. Samuel aber bleibt mit der Gemeinde unter dem Versöhnungsopfer stehen. Und im Schutze dieses Opfers schreit er zum Herrn. »Da ließ der Herr donnern einen großen Donner über die Philister und schreckte sie.« So erzählt die Bibel. Und sie macht erstaunlich wenig Worte über diese Sache.

»Ja«, fragen wir, »geht das denn immer so?« Und die Antwort muss lauten – allem Unglauben zum Trotz: Ja, es geht immer so! Oder sollte Gottes Wort lügen? Es sagt im 34. Psalm: »Welche auf ihn sehen (wie Er für uns am Kreuze hängt), die werden erquickt, und ihr Angesicht wird nicht zuschanden.« Es geht so, auch wenn scheinbar die Philister siegen; auch wenn die Christen den Märtyrer-Tod erleiden. Am Ende wird es offenbar: Wer im Glauben unter Jesu Kreuz steht, ist für immer gerettet, und sein Angesicht wird nicht zuschanden. Aber die Welt der Philister wird zuschanden.

Ich möchte euch bitten: Macht Schluss mit dem »Feld-, Wald- und Wiesen-Gottvertrauen«, das man so vielfach findet. Gott ist heilig, und wir Sünder sind vor Ihm tausendmal des Todes schuldig. Aber nehmt das Versöhnungsopfer Jesu am Kreuz an, dann steht Gott auf eurer Seite.

So werden Christen mit ihren Bedrohungen und Nöten fertig, dass sie sich glaubend unter die Versöhnung stellen und als Versöhnte zu Gott schreien. Ja, so überwinden sie die Welt. Denn: »Unser Glaube ist der Sieg, der die Welt – und alle Philister – überwunden hat!«

Die Höhle Adullam

David entrann in die Höhle Adullam ... Und es versammelten sich zu ihm allerlei Männer, die in Not und Schulden und betrübten Herzens waren.
1.Samuel 22,1.2

In eine spannungsreiche Zeit führt uns unser Text. In Israel herrschte König Saul, den Gott wegen seines Ungehorsams verworfen hatte. Heimlich aber war der Hirte David zum König gesalbt worden.

Der finstere Saul fürchtete, hasste und verfolgte den David. Der barg sich in der Höhle Adullam, irgendwo in großer Einsamkeit. O diese wichtige Höhle! Für die allermeisten allerdings bedeutete sie nichts. Wer konnte sich bei all den Sorgen und Unruhen im Lande um eine Höhle kümmern!

Aber das Gemunkel wollte nicht schweigen, dass dort in der Höhle der Mann sei, durch den Gott Heil gegeben hätte. Und hier und da machten sich allerlei Männer nach Adullam auf.

Welch ein treffendes Abbild des Kreuzes Jesu! Den meisten bedeutet das Kreuz gar nichts. Und doch – das Gemunkel will nicht schweigen, dass dort, dort allein Heil für die Welt sei.

Und so machen sich hier und da Menschen auf und eilen zum Kreuz. Wollen wir uns nicht ihnen anschließen?

Das Kreuz ist unsere Zuflucht

1. Was für Leute eilen dorthin?

Es war eine recht armselige Schar, die sich bei David in der Höhle Adullam zusammenfand: »Allerlei Männer, die in Not und Schulden und betrübten Herzens waren.« Wie hat man wohl auf den Gassen und Märkten über solche Leute gespottet!

Aber das kümmerte diese Elenden und Verzweifelten nicht. Sie atmeten auf, wenn ihr Fuß die Höhle betrat: »Hier sind wir geborgen!« Genauso steht das nun mit Golgatha und Jesu Kreuz: Hier ist man ewig geborgen. Hier ist großer Friede. Aber nicht jeder kann diesen Friedensort finden. Man muss schon zu den Leuten zählen, die in »Not, Schulden und betrübten Herzens« sind. Gehören wir dazu?

»In Not«: Wer noch allein mit sich und der Welt fertig wird, wem der Boden noch nicht unter den Füßen wankt, – der versteht nichts vom Kreuz. Wem aber der Jammer der Welt an die Seele geht, der wird froh an dieser Offenbarung der Liebe Gottes.

»In Schulden«: Wem das Wort »Sünde« ein veralteter Begriff ist, wer sich noch nie gefürchtet hat vor dem heiligen Gott, wer noch nie in den Abgrund seines bösen Herzens geschaut hat, wer noch nicht die Last seiner Verschuldung erkannt hat –, der verlangt keine Zuflucht. Dem predigen wir vergeblich vom Kreuz. Wer sich aber keine Illusionen mehr macht und weiß: »So, wie ich bin, gehe ich verloren«, – der flieht vor seinen Sünden, vor sich selbst und vor dem Zorn Gottes zum Kreuz. Gesegnete Zufluchtsstätte für verlorene Sünder! Hier finde ich Vergebung der Sünden und einen gnädigen Gott.

»Betrübten Herzens«: Wer nichts weiß von den Finsternissen der Anfechtung und von den Schatten der Schwermut – was soll dem das Kreuz Christi!? Für die Menschen aber, die es nicht mehr aushalten, ohne Gott weiterzuleben, für sie ist diese Zuflucht da.

Es gibt von dem Maler W. Steinhausen ein eigenartiges Passionsbild: Da ragt hoch das Kreuz Jesu. Und von allen Seiten wandert eine stille Schar heran: die große Sünderin, das kanaanäische Weiblein und viele andere Gestalten der biblischen Geschichte, »die in Not, Schulden und betrübten Herzens« waren.

Ich stand einst mit einem Jungen vor diesem

Bild. Erstaunt sagte der: »So war das doch gar nicht bei Jesu Sterben!« Ich erwiderte: »Richtig! Damals standen brüllende Massen um das Kreuz. Aber heute ist es so: Die Massen wissen nichts mehr vom Kreuz. Doch ein stiller Strom zieht ununterbrochen nach Golgatha: lauter Leute, ›die in Not, Schulden und betrübten Herzens‹ sind.«

2. Woher kommen sie, und wohin gehen sie?

Im Geiste habe ich so eine kleine Schar gesehen, die nach der Höhle floh. Wenn man sie gefragt hätte: »Woher kommt ihr?«, dann hätten sie geantwortet: »Aus dem Reiche Sauls.« Und sie wären gewiss gewesen, damit wäre alles gesagt.

Was war es denn um das Reich Sauls? Seht, Saul war einmal von Gott sehr erhöht worden. Aber er hatte sich von Ihm gelöst. Da hatte ihn Gott verworfen. Nun war's nur noch ein Regieren gegen Gott. Das bedeutet lauter Verwirrung.

Das Reich Sauls ist so recht ein Bild dieser Welt: Sie hat einen Herrscher. Es ist der, der zu Jesus auf dem Berg der Versuchung sagte: »Dies alles ist mir übergeben.« Das ist der Engelfürst Satan, der von Gott abfiel und Gottes Feind wurde. Darum ist die Welt so verwirrt, weil Satan regiert. Graust es euch nicht manchmal vor der geradezu satanischen Verwirrung in der Welt? Und die finden wir nicht nur im Großen, die spiegelt sich nicht nur in den Zeitungen. Sie herrscht auch in unseren Häusern: zerrüttete Ehen; versinkende Jugend; haltlose Menschen, die allen Leidenschaften preisgegeben sind; religiöse Verwirrung; Lüge und Unrecht. O es kennt jeder die Verwirrung seines Herzens!

Nun sehe ich nochmals die jungen Männer unseres Textes an. Da möchte ich ihnen die zweite Frage stellen: »Wo eilt ihr hin?« Und sie antworten: »Heraus aus Sauls Reich, hin zu David!«

Unsere Höhle Adullam ist Golgatha. Dort finden wir den wahren Davidssohn, Jesus. Er ist der heimliche König, heimlich von Gott gesalbt. Er ist der wahre Herr der Welt. Er fängt das Regiment am rechten Ende an, indem Er das größte Problem löst, das Problem unserer Schuld. Er büßt sie am Kreuz und schafft Frieden mit Gott. Er ist der rechte und gesegnete König!

Und wenn nicht alle Welt zu Ihm geht, dann eile du zu Ihm! Denn: Die Entscheidung für den Gekreuzigten ist der Schritt aus der Herrschaft Satans unter die Herrschaft des Sohnes Gottes.

3. Welcher Art ist ihre Zufluchtsstätte?

Es wären dem David bestimmt mehr Leute zugelaufen, wenn er in einem Schloss zu finden gewesen wäre. Aber nun war er so erniedrigt, dass er in einer Höhle sich aufhielt.

Noch viel erniedrigter war der Sohn Gottes, als Er am Kreuz hing. Wie hat dieses Kreuz, dieser Galgen die Menschen abgestoßen! Und doch! Wenn du Vergebung, Frieden und Geborgenheit finden willst, dann musst du zu dem erniedrigten König Jesus unter das Kreuz fliehen.

Hier ist unser Adullam. Ich habe eine Beschreibung der Höhle Adullam gelesen. Da heißt es: »Sie ist ein endloses System von Korridoren und Quergängen, die noch nie bis zum Ende erforscht wurden.«

Auch so ist sie ein Abbild des Kreuzes. Wer hier seine Zuflucht gefunden hat, der macht immer neue Entdeckungen: Hier ist Gottes Gerechtigkeit offenbart. Hier erfolgt die Rechtfertigung meines Lebens: Der Gekreuzigte macht mich vor Gott gerecht. Hier empfange ich Vergebung der Sünden. Hier finde ich Versöhnung mit Gott. Aber – noch kein Mensch hat dies Adullam ganz entdeckt. Das Kreuz ist das tiefste und seligste Geheimnis der Weltgeschichte. Da heißt es am Ende nur: »Wenn ich dies Wunder fassen will, / so steht mein Geist vor Ehrfurcht still. / Er betet an, und er ermisst, / dass Gottes Lieb' unendlich ist.«

Davids Raub

Das ist Davids Raub.
1.Samuel 30,20

Dies ist ein Wort aus einer aufregenden Geschichte, die uns aus dem Leben Davids berichtet wird.
Damals war er noch nicht König, sondern ein armer Flüchtling, der sein Leben vor der Feindschaft des Königs Saul zu retten suchte. Weil David ein rechter Held war, hatte sich im Lauf der Zeit eine große Zahl Männer ihm angeschlossen. Alle diese Leute nun hatten mit Weibern und Kindern eine Heimat gefunden in der Stadt Ziklag.
Eines Tages kam David von langer Ausfahrt mit seinen Mannen zurück. Welch ein Schrecken? Die Stadt war nur noch ein rauchender Trümmerhaufen. Die Amalekiter waren eingefallen, hatten allen Besitz geraubt, die Stadt zerstört und die Frauen, Kinder und alles Vieh weggetrieben.
»Da hob David und alles Volk, das bei ihm war, ihre Stimme auf und weinten, bis sie nicht mehr weinen konnten.« Und plötzlich bricht bei Davids Männern eine Wut gegen ihren An-

führer auf: »David war sehr geängstet, denn das Volk wollte ihn steinigen.«

Durch welch schreckliche Einsamkeit musste David da gehen! Aber in dieser Not heißt es von ihm: »Er stärkte sich in dem Herrn, seinem Gott.« Und nun zieht er den Feinden nach. Ein Teil seines Heeres lässt ihn im Stich. Aber mit dem Rest gewinnt er den Kampf, jagt den Amalekitern nicht nur das Geraubte ab, sondern macht noch reiche Beute. Und als er zurückkommt, jubelt alles Heer ihm zu: »Das ist Davids Raub!«

Wie sehr ist David hier ein Vorbild auf unsern Herrn Jesus, der dem Fleisch nach »aus dem Hause und Geschlechte Davids« ist. Von Ihm sagt Gott in Jesaja 53: »Ich will ihm große Menge zur Beute geben, und er soll die Starken zum Raube haben.«

Das ist des Heilands Raub!

1. Ich will das Verlorene wieder suchen

Dies Wort des Herrn steht im Buch des Propheten Hesekiel. Es ist gewissermaßen das Programm, der Kriegsplan des Sohnes Gottes: »Ich will das Verlorene wieder suchen.«

So hat wohl auch David gesagt, als der starke Held weinend den Jammer sah, den der Feind angerichtet hatte. Wie schön war die Stadt gewesen, als sie ausgezogen waren! Friedevoll hatte sie im Morgensonnenschein gelegen. Und nun: Verwüstung, Jammer und Tränen!

So ist das Ziklag ein Bild der Welt, die so herrlich aus der Schöpferhand Gottes hervorging. »Und siehe da, es war sehr gut«, sagt die Schrift. Es war eine wahrhaft göttliche Welt.

Aber dann kam die Katastrophe. Die Bibel nennt sie den Sündenfall. Seitdem ist die Welt voll von Jammer, Schuld und Herzeleid. Und der Teufel schleppt seine Gefangenen davon. Ich meine, alles, was die Amalekiter tun konnten, ist ein Kinderspiel gegen die grausame Tyrannei Satans: Kein Mensch will Krieg – und die Welt ist voll Morden. Alle schreien nach Liebe – und wir quälen einander! Trübe Leidenschaften herrschen, Gottlosigkeit, Lüge, Hass. Mit Recht nennt die Bibel den Satan den »Gott dieser Welt«.

Jetzt könnte ich eine Statistik bringen über Ehescheidungen, Jugendkriminalität, Selbstmorde, Lustseuchen.

Aber lasst uns doch lieber in unser eigenes Leben sehen! Paulus hat einmal im Römerbrief erschütternd über diese Zerrüttung unseres Lebens gesprochen: »Das Gute, das ich will, tue ich nicht, sondern das Böse, das ich nicht will, das tue ich.« Kennen wir diese Klage?!

David weinte, als er die Verwüstung sah. O wie kann man diese Tränen verstehen! – Noch viel mehr aber greift es uns an das Herz, wenn uns die Bibel Andeutungen gibt über Tränen Gottes, die Seiner verlorenen Welt gelten. – Aber dann ermannt sich David. Und nun ist es mir, als dürften wir hineinschauen in die ewige Welt, wo der Sohn vor den Vater tritt: »Ich will das Verlorene wieder suchen!« Der Aufbruch des Sohnes Gottes aus der anderen Welt ist die Schicksalswende dieser verlorenen Welt. Da geht die Verheißung in Erfüllung: »Finsternis bedeckt das Erdreich und Dunkel die Völker; aber über dir geht auf der Herr, und seine Herrlichkeit erscheint über dir.«

2. Der einsame Kämpfer

Sehen wir wieder auf David, diesen Vorläufer Jesu! Es ist seltsam, wie auch diese Geschichte mancherlei Züge der Leidensgeschichte Jesu trägt. Hier sind gleichsam Linien angedeutet, die in Jesu Passion ausgezogen werden.
»David war sehr geängstet« – wie viel mehr noch bebte der Sohn Gottes in abgrundtiefer Angst, ehe Er in den Kampf zog! Da sehen wir Ihn ringen und beten im Garten Gethsemane.
»... denn das Volk wollte ihn steinigen.« In der Leidensgeschichte Jesu wollte das Volk

das nicht nur, sondern sie führten es auch aus. Wie schrien sie alle: »Kreuzige ihn!«

In unserer Geschichte heißt es: »David jagte den Feinden nach. Als sie aber an den Bach Besor kamen, blieb ein Teil des Heeres stehen, die zu müde waren.« Als es galt, ließen viele David im Stich. – Unsern Heiland haben alle, alle im Stich gelassen. Ganz allein stand Er im Kampf gegen die Mächte der Finsternis.

Und nun lasst uns im Geist unter Jesu Kreuz treten, wo Er Seinen Kampf ausfechten muss. Seht den Mann mit der Dornenkrone! Seht Ihn im schrecklichsten Kampfgewühl, als Er schreit: »Mein Gott, warum hast du mich verlassen!« Und hört Seinen Siegesruf: »Es ist vollbracht!«

Man kann viel am Kreuz sehen: unsere Versöhnung, die Vergebung der Schuld, den Zorn Gottes und die Gerechtigkeit der Erlösten. Aber heute – anhand unserer Geschichte – geht es um eine ganz besondere Seite: David hat die Amalekiter besiegt und ihnen den Raub abgejagt. So hat Jesus am Kreuz die Finsternismächte, welche seit dem Sündenfall die Welt gefangen halten, überwunden. Er hat »der Schlange den Kopf zertreten«, oder, um ein anderes biblisches Bild zu brauchen: Er ist in den Palast des Starken eingebrochen und hat ihm den Raub genommen.

Seht, die Weiber und Kinder vom Heer Davids konnten in dieser Sache gar nichts tun. Der Kampf um sie wurde ohne ihr Zutun zwischen David und den Amalekitern ausgefochten. Auch der Kampf um uns wurde ohne uns zwischen Jesus und dem Teufel ausgefochten. Und Jesus siegte. Wir können kaum die Bedeutung von Golgatha ermessen!

3. Der Raub

Der Kampf war zu Ende, die Amalekiter waren zerstreut. Ich sehe im Geist, wie David mit dem bluttriefenden Schwert unter die Verschleppten trat: »So, nun könnt ihr nach Hause in die Freiheit! Der Sieg ist erfochten!« Glaubt ihr, dass da nur eines von diesen Frauen, Kindern und Greisen sich besann? Glaubt ihr, sie hätten sich nach den Amalekitern umgesehen? Sicher nicht!

Aber – wir tun das! Unter uns tritt der Sohn Gottes, blutbefleckt von Seinem Kampf auf Golgatha. Und Er verkündet uns Seinen Sieg und Freiheit für uns. Wir dürfen nach Hause, zum Herzen des himmlischen Vaters, wo Friede, Freude, Leben unser warten. Aber – was geschieht? Man glaubt die Botschaft nicht und lässt sich weiter von den geschlagenen Amalekitern knechten, man dient der Welt, seinen

Leidenschaften und dem Satan. Oder – man sehnt sich nach Freiheit, aber sucht sie nicht bei dem Sohn Gottes und Davids, beim Herrn Jesus Christus. Fasst doch, was das heißt: »Jesus Christus ist uns von Gott gemacht zur Heiligung und zur Erlösung.«

Ich sehe David nach dem Kampf nach Hause ziehen. Um ihn drängt sich die frohe Schar. So heißt es auch von Jesus in einem Lied: »Es jauchzt um ihn die frohe Schar, / die lang in schweren Fesseln war.«

»Ich will ihm große Menge zur Beute geben«, sagt der Vater. Da will ich auch dabei sein – es gehe, wie es will. Mag Amalek wüten – Jesus hat doch gesiegt!

David auf der Flucht

Und der König zog hinaus und sein ganzes Haus ihm nach.
2.Samuel 15,16

Wenn wir eine Zeitung zur Hand nehmen, so sind wir erstaunt, wie alles wirr durcheinander steht: Kino, Politik, Toto, kirchliche Nachrichten, Verbrechen, Wunderheilungen, Kunst, Witze ... Dasselbe Durcheinander findet sich im heutigen Normalmenschen: Er gleicht einem Schiff ohne Steuer.
Aus diesem Elend ist ein gläubiger Christ errettet: Sein Leben hat eine Mitte – das Kreuz Jesu. Als ich mich bekehrte, gehörte das zu den schönsten Erfahrungen meines neuen Christenstandes, dass mein verworrenes Leben nun eine Achse bekommen hatte, um die sich bis heute alles dreht – das Kreuz!
Und dann lernte ich immer mehr verstehen: Das Kreuz ist ja nicht nur die Mitte meines Lebens, sondern auch das Zentrum alles Weltgeschehens und der Weltgeschichte. So ist uns nichts nötiger als die Besinnung auf diese »Mitte«, wobei uns die Betrach-

tung der alttestamentlichen Vorbilder helfen will.

Es beschäftigt uns heute

Der ausgestoßene König

1. »Der König zog hinaus ...«

Es handelt sich hier um den König David. Der war ein großer Held und ein besonderer Freund Gottes. Wir kennen ihn ja aus seinen herrlich-starken Psalmen. Als er auf der Höhe seines Lebens stand und sein Königreich gefestigt schien, traf ihn ein schrecklicher Schlag: Sein eigener Sohn Absalom machte einen Aufruhr. David musste aus seiner Hauptstadt fliehen. »Und der König zog hinaus ...« Ein trauriger Zug!

Vielleicht auf derselben Straße zog Jahrhunderte später ein anderer, der aus dem Haus und Geschlecht Davids war, Jesus, der Sohn Gottes. Der trug auf Seinen blutig geschlagenen Schultern ein großes Kreuz. An dem hing ein Schild: »Jesus von Nazareth, ein König.« O seht euch diesen ausgestoßenen König recht an!

Wer ist denn der Absalom, der diesen König auf die schreckliche Marterstraße getrieben hat? Wissen wir es? Er muss doch entdeckt werden, er muss doch an das Licht gebracht werden, dieser furchtbare Absalom, der den Sohn Gottes, den König der Herrlichkeit, zu einem ausgestoßenen König machte.

Bald darauf hängt der ausgestoßene König Jesus am Kreuz. Selbst die Sonne verhüllt ihren Schein. Wer ist der Absalom?

Paul Gerhardt hat für sich selbst und für uns alle geantwortet: »Ich, ich und meine Sünden, / die sich wie Körnlein finden / des Sandes an dem Meer, / die haben dir erreget / das Elend, das dich schläget, / und das betrübte Marterheer. / Ich bin's, ich sollte büßen / an Händen und an Füßen / gebunden in der Höll' ...«

Ehemalige Frontsoldaten können sich vorstellen, wie es ist, wenn über einer dunklen Landschaft auf einmal eine grell strahlende Leuchtkugel hochgeht. Ähnlich ist es uns zumute, wenn Gottes Geist uns aufdeckt, dass wir – du und ich – der Absalom sind; dass unsere Schuld den Sohn Gottes an das Kreuz gebracht hat.

So schrecklich aber diese Erkenntnis ist, so herrlich ist sie auch. Denn das sieht man zugleich: Nun trägt Er meine Schuld fort, nun büßt Er für sie. »Die Strafe liegt auf ihm, auf dass wir Frieden hätten ...« (Jes. 53).

2. »... und sein ganzes Haus zog ihm nach.«

David war ein sehr einsamer Mann, als er »hinauszog«. Noch viel mehr war das so bei Jesus. Wir können nur schaudernd in die Abgründe Seiner Einsamkeit schauen. Sie war am tiefsten, als Er rief: »Mein Gott! Warum hast du mich verlassen!«

Und doch – hinter dem David her wurde die Straße belebt: »... und sein ganzes Haus zog ihm nach.« Wohl lief das Volk in Scharen dem aufrührerischen Absalom zu. Aber eine kleine Schar fand sich zusammen und ging mit David. »Sein Haus.« Dazu gehörten ein paar Frauen, Kinder und treue Streiter. O dies Haus Davids, das an seiner Niedrigkeit keinen Anstoß nimmt, sondern ihn in seiner Niedrigkeit um so mehr liebt!

Dies gibt uns Licht für unseren Weg! Wollen wir nicht auch zu dem »Haus Gottes« gehören? Der Gemeinde der Gläubigen ist die Niedrigkeit ihres ausgestoßenen und gekreuzigten Königs Jesus nicht ein Ärgernis. Im Gegenteil! Durch die Erleuchtung des Geistes dürfen wir es wissen: Dieser Ausgestoßene trägt ja am Kreuz meine Last, hier wirkt Er mir ewiges Heil, hier schafft Er Versöhnung mit Gott.

Ja, der wahren Gemeinde ist Sein Leiden das

Liebste. Sie singt: »Ewig soll er mir vor Augen stehen, / wie er als ein stilles Lamm / dort so blutig und so bleich zu sehen, / hängend an des Kreuzes Stamm ...«

Man versucht heute wieder einmal, der Welt ein einleuchtendes Christentum zu bringen, in dem das Kreuz leise unterschlagen wird. Da kann das »Haus Davids« nicht mitmachen. Sie folgen ihrem ausgestoßenen König nach. Es geht gerade um Ihn, um das Kreuz. Da ist ja die Erlösung!

Nun müssen wir noch einmal in die Davidsgeschichte schauen. Als der König seine einsame Straße zog, trat ihm ein Fremdling entgegen, Itthai, der Gathiter. David machte ihn auf seine elende Lage aufmerksam und legte ihm sehr deutlich nahe, doch schleunigst sich in Sicherheit zu bringen. Da aber sagte dieser Itthai ein herrliches Wort: »So wahr der Herr lebt und so wahr mein Herr König lebt, an welchem Ort mein Herr, der König sein wird, es gerate zum Tod oder zum Leben, da wird dein Knecht auch sein.«

Itthai, der Vorläufer aller Fremdlinge, welche die verborgene Herrlichkeit des verstoßenen Königs erkannt haben! So kommen aus aller Welt die Fremdlinge zu dem Gekreuzigten und sprechen überwunden: »An welchem Ort

mein König sein wird, es gerate zum Tod oder Leben, da will ich auch sein.« Haben wir schon diesen Entschluss gefasst?
Als ich den Itthai ansah, ging mir der Missionsvers von Knapp durch den Sinn:

»Und siehe, tausend Fürsten
Mit Völkern ohne Licht
Stehn in der Nacht und dürsten
Nach deinem Angesicht.
Auch sie hast du gegraben
In deinen Priesterschild,
Am Brunnquell sie zu laben,
Der dir vom Herzen quillt.«

3. Aber die Zurückbleibenden?

Wenn wir die Geschichte von dem Aufstand des Absalom aufmerksam lesen, dann werden wir sehen, dass es in Jerusalem eine ganze Anzahl von Leuten gab, die sich nicht offen für Absalom erklärten. Sie hatten eine gewisse Sympathie für David. Aber so weit ging ihre Liebe nicht, dass sie mit dem ausgestoßenen König ausgezogen wären.
Es gibt viele Christen, welche diesen Zurückgebliebenen gleichen. Sie sind »christlich«, sie haben es mit dem Davidssohn zu tun, sie verkehren sogar manchmal in Seinem Haus.

Aber – ja, das ist das große »Aber«: Sie sind nicht auf dem Kreuzesweg mit Ihm zu finden. Diesen Weg mit Jesus gehen heißt: mit Jesus gekreuzigt sein. Der alte Mensch, die geistliche Trägheit, die Lüste und Begierden – ans Kreuz damit! Darum sagt der Hebräerbrief: »Lasset uns hinausgehen mit Jesus aus dem Tor und seine Schmach tragen!« Diesen Weg gehen nur die mit Ihm, die Ihm herzlich anverlobt sind. Dass wir nur nicht den Zurückgebliebenen gleichen!

Elia am Horeb

Nach dem Winde kam ein Erdbeben; aber der Herr war nicht im Erdbeben. Und nach dem Erdbeben kam ein Feuer; aber der Herr war nicht im Feuer. Und nach dem Feuer kam ein stilles, sanftes Sausen. Da das Elia hörte, verhüllte er sein Antlitz ...
1.Könige 19,11-13

Das Christentum hat in unserer Zeit noch einmal eine seltsame Breitenwirkung erlangt: Die Kirche hat eine Bedeutung im öffentlichen Leben, die Zeitungen berichten von kirchlichen Tagungen, leitende Kirchenmänner bekommen eine unerhörte Popularität.
Es liegt darin eine Gefahr: Ein schmaler Fluss fließt tief und reißend. Wenn aber der Fluss über die Ufer tritt und das Land überschwemmt, entsteht leicht ein stagnierender Sumpf.
In dieser unserer Situation wurde mir eine kleine Geschichte aus dem Neuen Testament wichtig. Da traten die Jünger zu Jesus: »Herr, meinst du, dass viele selig werden?« Es ging ihnen auch um große Wirkungen. Aber Jesus antwortete: »Ringet danach, dass ihr durch die enge Pforte eingehet!« Jesus ist doch ein rechter Individualist! Wie wenig passt Er in dies

Zeitalter der Massenbewegungen! Aber wir müssen Ihn ernst nehmen! »Durch die enge Pforte eingehen« – das heißt: Seinen ganzen Willen dem Sohn Gottes hingeben, der uns versöhnt und erlöst hat – am Kreuz.

Ja, das Kreuz ist das Wichtigste! Darum soll hier immer neues Licht auf das Kreuz fallen – auch durch diese Geschichte vom Erleben des Elia am Berg Horeb. Lasst uns heute nachdenken über

Das stille, sanfte Sausen

1. Es sagt uns, wie Gott sich offenbart

Vergegenwärtigen wir uns zuerst die Geschichte selbst. Der gewaltige Prophet Elia musste fliehen vor der blutgierigen gottlosen Königin Isebel. In einer Höhle des einsamen Felsengebirges am Horeb fand er Zuflucht.

Eines Tages rief ihn eine Stimme: »Geh hinaus und tritt vor den Herrn!« Elia tat es. Und dann kam ein großer, starker Wind, der die Felsen zerriss und die Bäume entwurzelte. Aber der Herr war nicht in dem Sturm. Dann kam ein Erdbeben. Der Felsen schwankte. Aber der Herr war nicht im Erdbeben. Dann kam ein verzehrendes Feuer. Aber der Herr war nicht im Feuer. Und dann wurde es auf einmal totenstill. In diese Stille hinein tönte ein liebliches, sanftes Sausen. Da verhüllte Elia sein Angesicht vor dem Herrn mit dem Zipfel seines Gewandes.

Unser Gott kann auch in Feuer und Sturm und Erdbeben kommen. So hat Ihn Israel erlebt, als Er ihm an diesem Berg Horeb die Zehn Gebote gab. Davon spricht der 18. Psalm: »Die Erde bebte und ward bewegt, und die Grundfesten der Berge regten sich ... verzehrendes Feuer ging von seinem Munde ... er schwebte auf den Fittichen des Sturmes ...«

Aber nun kündigt hier der Herr dem Elia eine neue, ganz andere Offenbarung an: nicht in Sturm und Feuer und Erdbeben, sondern im stillen, sanften Sausen. Was bedeutet das nun? Das ist die herzbewegliche Liebe, die den eingeborenen Sohn an unsrer Statt dahingab, das ist die Botschaft von der freien Gnade Gottes für solche, die vor Gott schuldig sind. O dies herrliche sanfte Sausen! Tersteegen singt im Anblick des Kreuzes: »Ich bete an die Macht der Liebe, / die sich in Jesus offenbart. / Ich geb mich hin dem freien Triebe, / mit dem ich Wurm geliebet ward ...«

Nirgendwo anders finden wir heute Gott als in dem stillen, sanften Sausen, das vom Kreuz von Golgatha herweht.

»Gott war nicht im Sturm, Erdbeben und Feuer.« Solche Dinge haben wir auch erlebt. Da ging im Jahre 1933 ein Sturm durch unser Land. Und viele sagten: »In diesem Aufbruch unseres Volkes haben wir Gott erlebt.« Der Herr aber war nicht im Sturm. – Und dann hat die Erde unter uns gewankt: Alles wurde unsicher. Verzehrendes Feuer ging über unsere Städte. Aber der Herr war nicht im Erdbeben und Feuer. Er ließ nur eine blinde, verlorene Welt, die sich von Ihm losgesagt hatte, tun, was sie wollte.

Aber – Gott wird noch heute gefunden im stillen, sanften Sausen Seiner unendlichen Liebe, die wir im Angesicht des gekreuzigten Sohnes Gottes lesen dürfen. »Für mich gab er sein Leben dar, / der ich von seinen Feinden war!«

2. Es ist ein stilles Sausen

Erlaubt mir, dass ich eine kleine Verschiebung in den Kulissen des Welttheaters vornehme, und stellt euch vor, dort am Horeb habe ein modernes Kurhaus gestanden. Wie wäre es da zugegangen?

Als das Erdbeben und das Feuer kamen –: Gekreisch, Panik, Fluchen und Geschrei! Dann ist der Sturm vorüber. Die Gäste atmen auf. Das Radio wird wieder angestellt, Tanzmusik ertönt, das junge Volk improvisiert ein kleines Fest, die älteren Herren gehen an die Bar, um auf den Schrecken hin einen Kognak zu trinken ... Und das stille, sanfte Sausen? Das hätte keiner mehr gehört. Denn – es war zu laut in ihnen und um sie herum.

Bitte, haltet das jetzt nicht für eine Spielerei der Phantasie. Denn tatsächlich ereignet sich gerade dies beständig unter uns. Das stille, sanfte Sausen – das Gnadenwort Gottes für bedrückte, hungrige Herzen, ergeht auch in dieser Stunde von dem Kreuz Jesu. Dieses ewige Kreuz ist wie ein Sender des lebendigen großen Gottes. Unablässig sendet es den Ruf in die Welt: »Fürchte dich nicht, denn ich habe dich erlöst. Ich habe dich bei deinem Namen gerufen. Du bist mein!« (Jes. 43,1). Oder: »Ich vertilge deine Missetaten wie eine Wolke und deine Sünden wie den Nebel. Kehre dich zu mir, denn ich erlöse dich« (Jes. 44,22). Oder: »Fürwahr, er trug unsre Krankheit und lud auf sich unsre Schmerzen« (Jes. 53). Oder: »Gott war in Christo und versöhnte die Welt mit ihm selber ... Lasset euch versöhnen mit Gott« (2.Kor. 5).

Aber wer hört schon diese Sendung Gottes? Es heißt von diesem stillen, sanften Sausen, das vom Kreuz ausgeht, an einer anderen Stelle des Propheten Jesaja: »Er wird nicht schreien noch rufen, und seine Stimme wird man nicht hören auf den Gassen.«

O Freunde, das Geschrei der Gasse ist so laut geworden mit Radio, Politik, Fußball, Karneval, Reklame, Kino und Fernsehen, dass es uns grauenvoll gefangen nimmt.

Wie heißt es nun aber in unsrer Geschichte? »Da das Elia hörte ...« Er hörte es! O macht's wie er! Geht an euren Horeb! Ringt um Stille, bis das stille, sanfte Sausen der Liebe und freien Gnade Gottes in euer Herz hineindringt!

Eine stille Schar sammelt sich um das Kreuz. Und sie, die das stille Sausen gehört hat, bekennt: »Siehe, um Trost war mir sehr bange. Du aber hast dich meiner Seele herzlich angenommen, dass sie nicht verdürbe; denn du wirfst alle meine Sünden hinter dich zurück« (Jes. 38,17).

3. Was vorausgeht, ist auch wichtig

Ehe das Sausen kam, gingen Feuer, Sturm und Erdbeben voraus. Das ist auch bedeutungsvoll. Ehe man nämlich das stille, sanfte Sausen der herzbeweglichen Sünderliebe Gottes vom Kreuz her richtig hören kann, muss ein Zerbrechen vorausgehen. Da kommt der Sturm, der unsre Selbstsicherheit zerstört. Da kommt das

Erdbeben, dass wir merken: Alles, worauf wir uns verließen, ist unsicher und schwankend! Da kommt das Feuer des heiligen Gerichtes Gottes über unser Gewissen, dass wir auf einmal ganz genau wissen: So, wie ich bin, fahre ich mit all meinem Christentum zur Hölle!

So zerbricht der Herr unser Herz. Da wird es dann aufgetan für das sanfte Sausen: »Kommt her zu mir alle, die ihr mühselig und beladen seid. Ich will euch erquicken.«

Denken wir an Petrus. Wie ein stolzer Felsen (Petrus heißt ja Fels!) stand er, als er seinem Heiland versicherte: »Wenn dich alle verlassen – ich gehe mit dir in den Tod!«

Aber dann kam die Nacht zum Karfreitag: Der Sturm der Ereignisse verwirrte ihn. Ihn überfiel die Angst vor Menschen; da schwankte der Boden. Und als er seinen Heiland verleugnet hatte, und als Jesus ihn ansah, brannte das Feuer: »Ich bin verloren, ich Verleugner!«

Seht, da wurde der Petrus reif für das stille Sausen der Gnade. Der Herr helfe uns zu einer seligen Gnadenerfahrung unter dem Kreuz von Golgatha!

Naeman

Da stieg Naeman ab und taufte sich im Jordan siebenmal ... und er ward rein.
2.Könige 5,14

In der letzten Zeit hat mich oft die Frage bewegt: »Wie kommt es, dass so wenig Menschen das Evangelium fassen?« Es ist doch so eine herrliche Botschaft – die Botschaft vom Friedensbund mit Gott und von der ewigen Erlösung. Und wenn ich dann sehe, welche unsinnigen Weltanschauungen und welch törichte Dinge geglaubt werden, dann will es mir recht unfassbar erscheinen, dass das Evangelium so wenig Glauben findet. Wie ist das zu erklären?

Ein englischer Journalist, der zum Glauben an Jesus kam, hat vor einigen Jahren ein Buch veröffentlicht mit dem Titel: »Nur für Sünder.« Das ist es! Nur die Menschen, die sich als Sünder erkannt haben, haben damit ein Ohr bekommen für das Evangelium. Bist du ein Sünder? Vielleicht sagst du: »Nein! Ich tue recht und scheue niemand.« Dann bleibt dir das Evangelium verschlossen. – Vielleicht gibst du zu: »Ja, wir sind allzumal Sünder.«

Dann antworte ich dir: »Dich hat deine Sünde noch nicht beunruhigt. Du wirst nichts verstehen.«

Fluten der Heilung

1. Ein unglücklicher Mann

Die Bibel berichtet uns von dem syrischen Feldhauptmann Naeman. »Der war ein trefflicher Mann vor seinem Herrn und hoch gehalten; denn durch ihn gab der Herr Heil in Syrien. Und er war ein gewaltiger Mann.« So sagt die Bibel. Er war also ein Mann, den man beneiden konnte. Ein erfolgreicher Mann. Aber – und nun kommt das »Aber« – er war aussätzig.

Haben wir Phantasie genug, uns vorzustellen, was das bedeutete? Da stand er am Ziel seiner Wünsche. Er war der erste Mann nach dem König. Er hatte ein feines Haus, Macht, Ehre, eine große Lebensaufgabe. Und nun bricht der Aussatz aus. Er will ihn verbergen. Aber auf die Dauer geht das nicht. Er sucht alle Ärzte auf. Keiner weiß Rat gegen Aussatz. Schließlich ergreift ihn jene ganz große Resignation, wo man die Dinge laufen lässt, wo die heimliche Verzweiflung das Herz erfüllt.

Der Aussatz ist in der Bibel ein Bild der Sünde.

Ich kann mir kein besseres Bild denken. Wie der Aussatz ist die Sünde entsetzlich ansteckend. Ein Betrüger bleibt nicht lange allein. Schnell hat er Genossen seiner Unehrlichkeit geworben. Ein unkeuscher Mensch kann seine ganze Umgebung mit seiner unsauberen Art vergiften. Einer, der Gott nicht fürchtet, schafft eine Atmosphäre der Gottlosigkeit. Ein Verleumder träufelt sein Gift in viele Ohren und zerstört die Gemeinschaft.

Und wie der Aussatz ist die Sünde eine schnell wachsende Krankheit. Jetzt spielt man in Gedanken mit einer Sünde. Und morgen ist ein tiefer Fall daraus geworden.

Der Aussätzige hat keine Hoffnung. Er hat den Tod vor Augen. So ist es mit dem Sünder. Er hat keine Hoffnung. Das Gericht Gottes und der ewige Tod schrecken ihn. Nichts ist hoffnungsloser als das Leben eines Sünders.

Und einsam macht der Aussatz. Wohl wurde der gewaltige Naeman nicht in die Wüste getrieben wie viele andere. Aber wer mochte mit ihm verkehren?! Er war furchtbar einsam. Ich habe gefunden, dass auch die Sünde einsam macht. Man ist von Gott geschieden. Und gerade von den Menschen, zu denen man aufschauen könnte, fühlt man sich getrennt. »Wenn die wüssten ...!« sagt das Gewissen.

Wohl dem, der seinen elenden Zustand erkennt und mit David (Psalm 51) anfängt zu schreien: »Wasche mich wohl von meiner Missetat, und reinige mich von meiner Sünde.«

2. Ein wenig einleuchtender Rat

Kehren wir zu Naeman zurück. Die Bibel erzählt sehr anschaulich, wie eine kleine Sklavin aus Israel in sein Haus kommt. Die sagt: »Ach, dass mein Herr wäre bei dem Propheten Elisa! Der würde ihn von seinem Aussatz losmachen.« Das Wort erfährt der Naeman. Es lässt ihn nicht los. Und so macht er sich auf mit großem Gefolge. Nach mancherlei Irrwegen – ihr müsst das selber 2.Könige 5 nachlesen – kommt er vor dem Haus des Propheten an. Der lässt ihm sagen: »Gehe hin und wasche dich siebenmal im Jordan. Dann wirst du rein werden.« Fluten des Heils für den Aussätzigen!

Gibt es solche Fluten des Heils für solche, die am Aussatz der Sünde krank sind? Ja! Da lese ich Sacharja 13,1: »Zu der Zeit werden die Bürger zu Jerusalem einen freien, offenen Born haben wider die Sünde und Unreinigkeit.« Fluten des Heils gegen den Aussatz der Sünde! Wo ist der Born? Ein Lied gibt Antwort: »Es ist ein Born, draus heilges Blut / für arme Sünder quillt, / ein Born, der lauter Wunder tut / und jeden Kummer stillt. – Es quillt für mich dies teure Blut, / das glaub und fasse ich. / Es macht auch meinen Schaden gut, / denn Jesus starb für mich.« Am Kreuz auf Golgatha entspringt der Jordan, in dem Sünder sich waschen dürfen und rein werden.

Aber kehren wir zu Naeman zurück. Als er den Rat des Elisa bekommen hat, wird er zornig. Seine Vernunft empört sich gegen die Zumutung. »Haben wir«, sagte er, »in Syrien nicht gute Heilquellen, die tausendmal besser sind als das Jordanwasser? Sind die Wasser Amana und Pharphar nicht besser als alle Wasser in Israel?« Und er zog weg im Zorn.

Gerade so hat unsere unerleuchtete Vernunft auch kein Vertrauen zum Born des Heils von Golgatha. Sie sagt: »Da haben wir im Bereich des Weltlichen doch bessere Wege, um der Krankheit der Sünde beizukommen. Man kann z. B. sich eine Weltanschauung zulegen, in der es kein Gericht Gottes gibt und in der die Sünde bagatellisiert wird.« Oder: »Wenn ich meine letzten Willensreserven einsetze, werde ich wohl auch so fertig.« Oder: »Ich rede mir ein, Gott sieht meinen guten Willen an und nimmt es nicht so genau.« Dazu kann ich nur sagen: Die Wasser in Syrien hatte der Naeman ja längst ausprobiert. Sie hatten nicht geholfen. Und die unerleuchtete Vernunft heute soll zusehen, wie sie mit ihren hilflosen Ratschlägen einem unruhigen Gewissen zur Ruhe verhilft. Gottes untrügliches Wort preist uns in immer neuen Worten den Heilsbrunnen von Golgatha als einzige Hilfe für Sünder an. Da spricht der Prophet Hesekiel in einem wunderbaren Bild von einem kristallklaren Strom, der in dem Heiligtum entspringt und vom Altar herkommt. Und wo der Strom herfließt, da wird Heilung geschenkt und neues Leben. Welch ein Bild für die Fluten des Heils, die von dem Altar kommen, wo das Gotteslamm sich selbst opfert! Wie sehnt sich unser Gewissen nach dem Bad in diesem Strom!

3. Eine wunderbare Heilung

Wir hatten den Naeman zuletzt gesehen, wie er voll Zorn wegzog. Aber damit ist die Geschichte nicht zu Ende. Seine Knechte reden ihm zu: »Wenn der Prophet etwas Schweres verlangt hätte, das hättest du getan.« O wie haben sie Recht! Auch um sich von Sünden zu reinigen, unternimmt der Mensch gern die schwersten Dinge. Er veranstaltet Wallfahrten und Bußübungen.

Zum Kreuz des Heilandes kommen und sagen, man sei ein verlorener Sünder und man wolle gern gerettet werden – dies scheint dem Menschen zu einfach, zu albern. Und doch – es ist der einzige Weg zur Heilung.

Dem Naeman redeten seine Knechte zu, der Weisung des Propheten zu gehorchen, und er folgte ihrem Rat. Uns in unserer Not will der Heilige Geist denselben Dienst tun. Wohl uns, wenn wir Seinem Zureden folgen.

Der Schluss der Geschichte ist so, dass Naeman geheilt wurde. Und wer zu dem offenen freien Born wider die Sünde und Unreinigkeit auf Golgatha gegangen ist, der bekennt mit dem Propheten Jesaja: »Durch seine Wunden sind wir geheilt.«

Fluten des Heils für geschlagene Gewissen! Wir wollen hinter uns lassen, was gewesen ist. Lasst uns dahin gehen, wo es heißt: »Das Wasser des Lebens, das ist diese Flut, / durch Jesus ergießet sie sich. / Sein kostbares, teures und heiliges Blut, / o Sünder, vergoß er für dich. / O Seele, ich bitte dich, komm / und such diesen herrlichen Strom! / Sein Wasser fließt frei und mächtiglich. / O glaub's, es fließet für dich.«

Elisa am Jordan

Der Mann Gottes sprach: Wo ist das Eisen entfallen? Und da er ihm den Ort zeigte, schnitt er ein Holz ab und stieß dahin. Da schwamm das Eisen.
2.Könige 6,6

Wir können uns die Situation, in der unsere Textgeschichte spielt, heutzutage so gut vorstellen:
Da sind arme Leute. Die wohnen so fürchterlich eng beieinander, dass sie beschließen: »Wir wollen uns ein Behelfsheim bauen!« Unten am Fluss ziehen sich endlose Wälder hin. So macht man sich nun auf, um Holz zu schlagen. Einer ist so arm, dass er nicht einmal eine Axt besitzt. Die muss er sich erst bei einem Nachbarn leihen.
Und diesem Unglücksvogel passiert nun das Missgeschick: Als er mit der Axt ausholt, fliegt das Eisen vom Griff und fällt in hohem Bogen in den Fluss. »O weh, mein Herr«, schreit der arme Mann entsetzt dem Propheten Elisa zu, »o weh, dazu ist es entlehnt!« (Wie echt ist das! Über ein geliehenes Buch schüttet man den Inhalt der Kaffeetasse. Der geliehene Schirm knickt uns um!)

Schweigend schneidet Elisa ein Holz, stößt es an der Unglücksstelle ins Wasser. Da taucht das Eisen auf. Glückselig ergreift es der Verlierer.

Das Wunderholz

1. Vor 3000 Jahren war es so notwendig wie heute

Es ist eine wunderliche, ja befremdliche Geschichte. Und die unerleuchteten Geister sind schnell bei der Hand: »Das ist eben eine alte Sage.«

Aber wir sollten lieber fragen: Warum hat es dem Heiligen Geist gefallen, uns diese kleine Geschichte zu überliefern, wo doch nur die wichtigsten Dinge in der knappsten Form in der Bibel erzählt werden?

Darauf können wir antworten: Diese Geschichte von der verlorenen und wiedergefundenen Axt zeigt, dass Gott die kleinen Nöte der armen Leute ernst nimmt. Das ist für uns Menschen von heute ein sehr großer Trost. Unser Leben ist ja ausgefüllt mit lauter so kleinen Nöten und Widerwärtigkeiten. Und ich bin sehr froh, dass ich in dieser Geschichte erfahre: Ich muss meine Alltagsnöte nicht allein ausfechten. Er, der Herr, ist vorhanden, der mich darin ernst nimmt und der mir mit großem Erbarmen beisteht.

Aber ist nun damit wirklich der Sinn dieser Geschichte erschöpft? Ich habe immer das Gefühl gehabt, sie wolle noch mehr sagen. Und darum habe ich mich im Geist neben den Mann gesetzt, der dort seine Axt in den Fluten versinken sah. Und nun sehe ich es auf einmal auch versinken: nicht eine Axt nur, sondern viel Wertvolleres. Ich sehe, wie die Jugend meines Volkes versinkt in Nihilismus und entsetzlichem geistigen und geistlichen Tod. Ich sehe sie versinken in dunklen Unehrlichkeiten und sexuellem Schmutz. Ich sehe alte Menschen versinken in völliger Verzweiflung. Ich sehe Christenleute, deren geistliches Leben hoffnungslos versinkt in den Fluten der täglichen Sorgen oder in den glitzernden Wellen eines verweltlichten Lebens.

Ich sehe Gebetsleben versinken, weil man Gott doch nicht mehr traut. Ich sehe Reinheit untergehen, weil man des Kampfes müde geworden ist. Ich sehe die Liebe versinken, weil der Kampf ums Dasein uns zu Raubtieren macht. Alles, alles reißt der grausame Strom des Lebens hinweg. Und ich rufe mit jenem Mann: »O weh, mein Herr!«

Und dann erlebe ich es wieder, wie der Elisa jenes seltsame Holz in das Wasser stößt, das das Eisen auftauchen lässt. Und ich frage: Gibt es denn nicht auch so ein Wunderholz für Menschenseelen, das sie herausholt aus den Tiefen?

Ja, es muss so ein Wunderholz geben. Denn Menschenseelen sind unserm Gott doch ebenso wertvoll wie das Eisen einer Axt, ja, viel wertvoller.

2. Vor 2000 Jahren wurde es wirksam

Ihr ahnt, wo ich hinaus will. Es gibt solch ein Wunderholz, das die Menschenseelen aus den Tiefen des Lebensstromes herausholt. Das ist das Kreuz auf Golgatha, das Kreuz, an dem der Sohn Gottes hing.

Vor 2000 Jahren wurde es hineingestoßen in den flutenden Strom der Menschenwelt. Und in dem Augenblick, als das geschah, ereignete sich etwas Wunderbares: Sinkende Menschenseelen tauchten auf. Da war der Schächer. Ich denke, sein Leben hat sich ganz folgerichtig entwickelt: üble Erbanlagen, keine rechte Erziehung, schlechte Gesellschaft – so sank er, bis er ein Verbrecher war – bis er gerichtet am Kreuz hing. So musste er weitersinken bis in die Hölle. Denn: »Irret euch nicht, Gott lässt sich nicht spotten. Was der Mensch säet, das wird er ernten.« Aber dann steht neben ihm das Kreuz des Heilandes. Er sieht und glaubt und ruft an. Und – das Sinken ist zu Ende. Er steigt auf. »Heute wirst du mit mir im Paradiese sein«, verheißt Jesus ihm. O das Wunderholz des Kreuzes!

Da ist der römische Hauptmann. Man hat bisher nichts Besonderes von ihm gehört. Also war er wohl wie alle, versunken in Rohheit, Heidentum, Selbstsucht. Eiskalt sah er den grässlichen Hinrichtungen zu.

Aber er steht unter Jesu Kreuz. Das beweist sich wieder als das Wunderholz. Auf einmal taucht die versunkene Seele an das Licht: Der Mann gibt Laufbahn und Ehre und alles preis und bekennt laut die Wahrheit: »Dieser ist Gottes Sohn!«

Und da war der Nikodemus, ein Oberster unter den Juden. Ach, was sollte dieser große Titel! Er war ein ängstlicher Mann, versunken in Menschenfurcht und Respekt vor der öffentlichen Meinung. – Und dann steht er unter Jesu Kreuz. Da taucht die versunkene Seele auf. »Er wagte es und ging zu Pilatus und bat um den Leichnam Jesu.« Ein unerschrockener Mann, der die Menschenfurcht hinter sich gelassen hat.

Und da ist der junge Pharisäer Saulus. Ein Fanatiker! »Er schnaubte mit Drohen und Morden ...« Fanatiker sind schrecklich und müssen wie Amokläufer ihren Weg zu Ende rasen. – Aber nicht so Saulus! Der Gekreuzigte begegnet ihm. Da erwacht die Seele zur Nüchternheit und Klarheit. Und er wird ein Segen für die Welt.

3. Heute noch beweist es seine Kraft

Jawohl, das Wunderholz des Kreuzes Christi wird auch heute noch hineingestoßen in den Menschenstrom. Ununterbrochen bringt es versunkene Seelen an das Licht. Ich kenne einen noch jungen Mann in guten Verhältnissen. Der kam einst mit einem Saufkumpanen als verkommener Landstreicher in das Haus eines Christen. Der Kumpan zog weiter. Ihn aber hielt das Zeugnis vom gekreuzigten Heiland. Die Liebe dieses Heilandes brachte seine Seele an das Licht. Und heute ist er für sehr viele ein großer Segen.

Aber ich möchte euch noch auf einen besonderen Zug der Textgeschichte aufmerksam machen:

Das Wunderholz brachte das Eisen gegen die Gesetze der Natur zum Schwimmen. Das ist auch die eigenartige Kraft des neutestamentlichen Wunderholzes, dass es die Natur überwindet.

Nur eins von vielen Beispielen: C. H. Spurgeon

war ein schüchterner junger Mann voller Hemmungen. Als er unter Jesu Kreuz die Rettung gefunden hatte, wurde er der unerschrockene und offene Zeuge der Wahrheit, unter dessen Kanzel Tausende saßen. Das Kreuz überwand die Natur.

Unter Jesu Kreuz werden die Oberflächlichen besinnlich, die Unkeuschen lieben die Reinheit und werden empfindlich gegen den Schmutz. Die Lügner ringen um Wahrheit, die Hartherzigen werden barmherzig. Und wenn ihr mit mir überzeugt seid, dass unsere Natur uns in die Hölle bringt, dann lasst uns unter Jesu Kreuz gehen!

Elisas Grab

Da aber Elisa gestorben war und man ihn begraben hatte, fielen die Kriegsleute der Moabiter ins Land desselben Jahrs. Und es begab sich, dass man einen Mann begrub; da sie aber die Kriegsleute sahen, warfen sie den Mann in Elisas Grab. Und da er hinabkam und die Gebeine Elisas berührte, ward er lebendig und trat auf seine Füße.
2.Könige 13,20.21

In Südamerika gibt es gewaltige Urwälder. Kühne Forscher sind dort eingedrungen trotz der Bedrohung durch wilde Tiere, Fieber und Giftpfeile der Eingeborenen. Völlig unvermutet fanden sie mitten in den tiefen Wäldern eine große Stadt. Die Menschen, die sie gebaut hatten, waren längst gestorben. Das Volk, das hier einst geblüht hatte, war untergegangen. Verlassen war die Stadt. Aber als die Forscher dorthin kamen, staunten sie über die gewaltigen Bauten und über die dort vorhandenen Schätze.

So kommt mir oft das Alte Testament vor. Ein Urwald von Unkenntnis und Missverstand hat sich um dies Buch gelagert. Gelehrte und Törichte haben dagegen geeifert. Die breiten

Straßen unseres Jahrhunderts gehen längst daran vorbei.
Wer aber trotzdem dort eindringt, der findet in dem Alten Testament die herrlichsten Schätze und die lauterste Wahrheit. Möchten wir das auch jetzt erleben bei der Betrachtung unseres seltsamen Textes. Wir überschreiben ihn:

Sein Tod ist unser Leben

1. Der tote Prophet

Was wird denn hier im 2. Königsbuch erzählt? Langsam bewegte sich ein feierlicher Leichenzug durch die Felder. Plötzlich gab es eine Stockung. Aufgeregte Flüchtlinge rannten vorüber und schrien: »Die Moabiter kommen!« Die Leidtragenden wussten sofort Bescheid: Seitdem man in Israel den Herrn verlassen hatte, gab es keinen Frieden mehr. Beständig kamen die Streifscharen der heidnischen Völker über die Grenzen und brandschatzten das unglückliche Land.
»Was tun?« fragten nun bei der Beerdigung die erschrockenen Leute. Schon tauchten am Horizont die Moabiter auf. Da war es aus. Der Leichenzug löste sich auf. Jeder rannte davon. Verlassen standen die Träger mit der Bahre, auf der der Leichnam lag.

Die braven Männer wollten die Leiche nicht einfach unbegraben stehen lassen. Einer wusste Rat. Er zeigte auf eine Felswand: »Drüben ist ein Grab! Da haben wir vor kurzem den Propheten Elisa beigesetzt!«

Schnell rannte man dorthin. Die Felsplatte, die das Grab verschloss, flog beiseite. Und recht unfeierlich kippte man den Toten in die Grabhöhle. Der rollte hinein, bis er neben der Leiche des Elisa lag.

Aber nun geschah etwas, was die Träger plötzlich erstarren ließ. Kaum hatte der Tote die Leiche des Elisa berührt, da war es, als fahre ein Lebensfunke in ihn. Er bewegte sich. Taumelnd erhob er sich. Die Träger rannten davon, von doppeltem Schrecken gejagt – und hinter ihnen her lief der Mann, der von den Toten erstanden war.

In der Tat – eine wunderbare Geschichte! Die Gelehrten sind schnell bei der Hand: »Das sind alte Sagen!« Nun, der Herr Jesus ist anderer Meinung. Er sagt: »Die Schrift zeugt von mir.« Jawohl, auch in dieser seltsamen Geschichte treibt der Heilige Geist Kreuzes-Unterricht.

2. Jesu, meines Todes Tod

Ich bin überzeugt: Diese Geschichte will uns nicht das ganze Geheimnis des Kreuzes enthüllen, sondern sie will eine einzige Wahrheit über das Kreuz Christi einprägen. Und diese einzige Wahrheit heißt: Die Berührung mit Jesu Kreuz macht die Toten lebendig.

Nun muss ich aber zuerst erklären, was denn die Bibel unter »Toten« versteht.

Seht, in der Schöpfungsgeschichte heißt es: »Gott blies dem Menschen den lebendigen Odem ein.« Der Mensch war göttlichen Geschlechtes. Gottes Leben war in ihm.

»War« – sage ich. Denn durch den Sündenfall wurde das total anders. Der Gottesfunke erstarb, das Gotteslicht erlosch. Und nun ist der natürliche Mensch tot: tot in Sünden, tot für Gott. Er kann Gott nicht erkennen. Er kann nicht beten. Er kann nicht glauben. Er bildet sich ein, er sei gut; aber seine Werke sind böse. Er steht unter Gottes Zorn und Gericht; aber er fürchtet sich davor nicht. Das ist der Mensch: Er rennt herum, spielt Fußball, geht ins Kino, lacht, weint, sorgt sich, schafft – und ist für Gott und vor Gott tot.

Aber nun gibt es eine einzige Stelle, durch die wir geistlich lebendig werden können: Jesu Kreuz.

Wie das geschieht, das will ich deutlich machen an unserer Textgeschichte. Da wurde dieser Tote in das Grab des Elisa geworfen. Er war gleichsam mit Elisa zusammen tot und mit Elisa zusammen begraben. Und davon wurde er lebendig.

Elisa ist ein Vorbild auf Jesus. Eine Berührung mit dem Kreuz bedeutet also: Ich muss mit Jesus zusammen sterben, mit Jesus begraben sein. Und in der Tat spricht die Bibel so von dem eigentlichen christlichen Erlebnis: Ich erkenne an, dass der Tod, der Jesus traf, eigentlich mir zusteht. Ich müsste rufen: »Mein Gott, warum hast du mich verlassen!« Ich habe Gottes ganzen Zorn verdient. Dies erkenne ich unter Jesu Kreuz an.

Ich lasse mich mit Jesus begraben. Das heißt: Ich erkenne an, dass mein altes Gott-loses Leben nichts wert ist. Ich lege es hinein in Jesu Grab.

Und seht: Indem ich so mein Leben mit Jesus in den Tod gebe, indem ich mich mit Jesus an das Kreuz hänge und in das Grab lege, geschieht es, dass ein neues Leben aus Gott in mir aufwacht. Wie der Tote, der mit Elisa im Grab lag, lebendig wurde, so wache ich aus der Begegnung mit dem Kreuz auf zu einem neuen Leben aus Gott.

Lasst mich ein Beispiel berichten, wie ein Mann durch Berührung mit Jesu Sterben geistlich lebendig wurde:

Der gesegnete D. Le Seur erzählt, wie er im Berliner CVJM eine Bibelstunde über Jesu Passion hörte. Er berichtet: »Die große, selige Wahrheit: Jesus starb für mich! traf in mein Gewissen hinein. Ich lief in den Tiergarten, aufs Tiefste erschüttert. Mir war klar: Entweder muss man dieser unfassbaren Güte Gottes ein Nein entgegenschleudern und dann alle Folgen tragen, – oder man kann nicht anders, als dem, der das getan hat, sein Leben hinzugeben.« Le Seur erwählte das Zweite. Und er bekannte vierzig Jahre später: »Das Eine ist mir geblieben und wird mir bleiben bis zur Stunde des Todes, ja des Gerichtes – die leuchtende, selige Gewissheit: Jesus starb für mich!«

3. Sein Tod – nicht das Ende

Elisa war ein einsamer Mann gewesen. Volk und König hatten den treuen Zeugen Gottes gehasst. Und als er starb, war man sicher froh: »Nun ist es mit ihm zu Ende.« Aber in unsrer Geschichte erlebt man: Sein Tod ist noch nicht das Ende.

Welch ein Hinweis auf Jesus! Welt und Hölle triumphierten, als Er das Haupt neigte und verschied. Aber schon ist der Mann da, der durch Seinen Tod lebendig wird: Der römische Hauptmann bekennt laut seinen Glauben an Jesus.

Ich las vor kurzem eine interessante Geschichte des römischen Kaiserreichs. Jeder neue Cäsar ließ sich auf den Münzen feiern als »Hoffnung der Welt«, als »Friedensbringer«. Alle aber gingen unter in Blut und Mord. Und mit ihnen versank das römische Imperium. Doch über den Trümmern erhob sich der Gekreuzigte.
Lebensströme gehen von Seinem Kreuze aus – bis auf diesen Tag. Und Millionen huldigen Ihm, dem Gekreuzigten, als dem »Friedensbringer« und der »einzigen Hoffnung der Welt«. Sein Tod war nicht das Ende, sondern der Anfang. Auch in meinem Leben.

Der Hohepriester

Aaron aber und seine Söhne waren im Amt, anzuzünden auf dem Altar ... und zu versöhnen mit Israel, wie Mose, der Knecht Gottes, geboten hatte.
1.Chronik 6,34

Vor kurzem las ich in einer Kunstbetrachtung einer großen Tageszeitung den Satz: »Wir leben in einem Zeitalter, das sich planmäßig vom Schöpfergott absetzt.«
Alte Soldaten verstehen diesen Kriegsausdruck. Wenn man einem Gegner nicht mehr standhalten kann oder will, dann »setzt man sich ab«, d. h. man legt einen großen Raum zwischen sich und den Feind. Jawohl, so hat es unsere Zeit mit Gott gemacht; sie hat Ihn als Störenfried und Feind empfunden und sich planmäßig abgesetzt von Ihm.
Das ist nichts Neues. Es war schon so vor 3000 Jahren, als unser Textwort geschrieben wurde. Die Völker der Erde hatten sich vom lebendigen Gott abgesetzt.
Doch mitten in dieser Situation gab es ein Israel, ein Volk Gottes. Und von dem heißt es: »Aaron aber war im Amt, zu versöhnen Israel.« Dies Israel hatte sich nicht abgesetzt von

Gott. Im Gegenteil, diese Leute waren mit Gott versöhnt und darum Kinder Gottes.

Solch ein Volk Gottes gibt es auch heute. Es hat eine andere Lebensrichtung als die ganze Welt ringsum. Während die Welt immer mehr und immer planmäßiger von Gott weggeht, sucht dies Volk Gottes seinen Hohenpriester und in Ihm die Versöhnung mit Gott. Davon lasst uns reden!

Versöhnt mit Gott

1. Ohne Versöhnung ist kein Weg zu Gott

Seit die Menschen sich planmäßig von Gott abgesetzt haben, können sie auch ganz gemütlich und harmlos von Ihm reden. Genau so, wie am Ende des letzten Krieges die »Werwölfe«, mit Spazierstöcken bewaffnet, den Feind nicht fürchteten – bis seine Panzer da waren. Da war der Mut verflogen.

So geht es auch mit Gott. Erst wenn ein moderner Mensch in die Nähe Gottes kommt, dann merkt er: »Unser Gott ist ein verzehrendes Feuer.« Da wird es unheimlich.

Vor ein paar Tagen kam ich ins Gespräch mit einem Mann und sagte ihm dabei ein Wort Gottes. Aber darauf winkte er erschrocken ab und erwiderte: »Damit kann ich mich nicht befassen! Ich habe ein paar Evangelisationsversammlungen besucht, und davon bekam ich einen Nervenzusammenbruch. Nun hat mir der Arzt jeden religiösen Gedanken verboten.« Der Mann war in die Nähe des »verzehrenden Feuers« geraten, wo die Nerven wohl erschüttert werden können.

Noch ein anderes Beispiel: Mein Vater erzählte uns einst, wie er eine todkranke Frau besuchte. Kaum hatte er das Zimmer betreten, als die Frau erregt abwinkte. Auf die Frage meines Vaters nach dem Grunde erklärte sie: »Die Pfarrer jagen einen immer so rum!« Diese Frau hatte begriffen, dass Gott sehr beunruhigend ist. Da hat sich nun mein Vater an ihr Bett gesetzt und hat ihr erzählt, dass es eine Versöhnung mit Gott gibt und dass man Frieden mit Gott finden kann. Und bei dieser Botschaft hat sie begierig aufgehorcht.

Das ist es: Kein Mensch hält es ungeschützt aus bei dem lebendigen Gott, dem verzehrenden Feuer. Darum kann man schon verstehen, dass die Menschen sich von Ihm absetzen. Aber das ist Wahnsinn. Gott trifft uns ja doch eines Tages. Die Bibel zeigt den besseren Weg: Versöhnung mit Gott.

Also: Wer Gott wirklich will, der braucht Versöhnung?

Das hebräische Wort, das in unserem Text steht; heißt »kafar«. Das bedeutet zunächst »bedecken«, dann »vergeben«, und schließlich hat es die Bedeutung »versöhnen«. Daraus wird uns klar, warum eine Versöhnung nötig ist: um unserer Schuld vor Gott willen. Betrügt doch eure Seelen nicht, dass ihr euch einredet, ihr hättet vor Gott keine Schuld. Diese Schuld muss »bedeckt« werden, wir müssen »Vergebung« der Sünden haben. Und so geschieht die »Versöhnung« mit Gott.

2. Der Hohepriester und das Opfer

Unser Textwort stammt aus einem Kapitel, in dem uns die Gemeinde des Alten Testaments vor die Augen gestellt wird. Und da heißt es: »Aaron aber und seine Söhne hatten das Amt … zu versöhnen Israel, wie Mose, der Knecht Gottes, geboten hatte.«

O seliges Volk Gottes, das solch einen bevollmächtigten Hohenpriester hatte! Nun, wir haben einen noch besseren und mächtigeren Hohenpriester: Es ist der Sohn Gottes, der Herr Jesus selbst. Dass wir doch nicht so verblendet wären wie die Leute, die am ersten Karfreitag die Straße nach Golgatha umsäumten und ihren Hohenpriester nicht erkannten! Wie sie damals, so meinen heute noch viele fälschlich,

Er sei ein Volksverführer. Andere sehen in Ihm einen religiösen Schwärmer, die Dritten einen armen Idealisten, der scheiterte, wie alle Idealisten seit Anfang der Welt.

Israel aber, die wahre Gemeinde, erkennt: Er ist der bevollmächtigte Hohepriester Gottes. Lasst uns mit Ihm gehen auf Seinem Opfergang! Jetzt steigt Er den Hügel Golgatha hinauf. Nun steht Er oben: »Aaron aber stand im Amt, zu versöhnen …« Ein Opfer braucht unser großer Hoherpriester, ein fehlloses, ewig gültiges Opfer. Wo ist das Lamm, das Ihm angemessen wäre? O seht, da legt Er sich selbst auf den Altar des Kreuzes, Er opfert sich selbst! »Siehe, da ist Gottes Lamm!« Er ist Hoherpriester und Opfer zugleich. Welch eine herrliche Versöhnung!

Nun muss ich für denkende Leute noch etwas Wichtiges klarstellen. Man hat mir oft gesagt: Diese ganze Vorstellung von der Versöhnung ist ja Gottes unwürdig; denn die Heiden stellen sich – so sagt man – die Götter wie böse Mächte vor, die durch Opfer freundlich gestimmt werden müssen. Aber es ist doch – so sagt man – ein unmöglicher Gedanke, dass Gott durch das Opfer Seines Sohnes freundlich gestimmt werden soll!

Welches Missverständnis! Es zeigt sich da wieder: »Der natürliche Mensch vernimmt nichts vom Geist Gottes.« Die Sache ist doch so: Das Opfer Jesu ist ja nicht unser Opfer, mit dem wir Gott besänftigen. Es ist vielmehr ein Gnadengeschenk Gottes. Gott opfert Seinen Sohn. Um Seiner Gerechtigkeit willen. Die Institution der Versöhnung aber kommt aus Gottes Liebe. Seine Gerechtigkeit erfordert das Gericht über die Sünde. Seine Liebe aber kommt der Gerechtigkeit zuvor und opfert den Sohn als Bürgen. So ist es: Im Versöhnungsopfer Jesu ist die Liebe Gottes gleichsam der Gerechtigkeit Gottes zuvorgelaufen und hat eine Versöhnung geschaffen, ehe der Zorn Gottes über uns kam. Durch die Versöhnung entgehe ich der Offenbarung Seines Zorns und werde aufgenommen in den Bund mit Gott.

3. Friede mit Gott durch Jesus allein

Einst hat ein katholischer Priester mein Buch über die Heimkehr des »verlorenen Sohnes« gelesen. Nachher sagte er mir: »Genauso würden wir in einer Volksmission auch reden. Nur da, wo Sie raten: Nun geh zu Jesus! – da sagen wir: Nun geh in den Beichtstuhl.« – Ich fragte: »Muss man denn nicht zu Jesus kommen?« Darauf erwiderte er: »Sicher! Aber – das werden doch nur die Auserwählten begreifen. Sie sind unbarmherzig mit der großen Masse, der doch auch in irgendeiner Weise geholfen werden muss.«

Was sollen wir dazu sagen? Gott gebe, dass wir alle zu den Auserwählten gehören, die es begreifen: »Jesus ist unser großer Hoherpriester, der uns durch Sein Blut mit Gott versöhnt. Darum wollen wir zu Ihm gehen und Frieden mit Gott finden.«

Es gibt keinen anderen, keinen schwierigeren und keinen bequemeren Weg, als dass man wirklich ernst macht mit Jesus und sich Ihm ausliefert.

Ihr werdet es nicht bereuen. Versöhnung! Frieden mit Gott für Zeit und Ewigkeit – im Leben und Sterben! Ich weiß nichts Größeres.

Ein Missionar erzählte uns von einem reichen Hindu, der Frieden suchte. Er badete sich im heiligen Fluss, er machte mühselige Wallfahrten – sein Herz blieb ohne Frieden. Bis ihm ein Missionar das Kreuz zeigte. Da jubelte er: »Ich habe die Botschaft geschlürft wie Honig. Nun bin ich am Ziel aller Sehnsucht.«

Die Tenne Ornans

Also gab Ornan David den Platz um Gold ... Und David baute daselbst dem Herrn einen Altar und opferte Brandopfer. Und da er den Herrn anrief, erhörte er ihn durch das Feuer vom Himmel ... und der Herr sprach zum Engel, dass er sein Schwert in seine Scheide kehrte.
1.Chronik 21,25-27

Gott hat es mir geschenkt, dass ich in meinem Leben viele Reisen machen durfte. Dabei habe ich manche Grenze überschritten. Das war für mich jedes Mal ein erregender Augenblick. Unvergesslich ist mir, wie ich das zum ersten Mal erlebte. Ich war noch ein kleiner Junge und machte mit meinem Vater eine Wanderung durchs Elsass. Auf dem einsamen Vogesen-Kamm sah ich den ersten Grenzstein. Mir klopfte das Herz, als ich mit einem Schritt in Frankreich stand. Schließlich gewöhnte ich mich an die aufregende Sache und machte mir den Spaß, mit einem Bein in meinem Vaterland und mit dem andern im Ausland zu stehen.
Ihr ahnt gewiss, dass wir heute von Grenzsteinen reden wollen. Nein! Nicht von Steinen!

Sondern von einem Einzigen, von dem wichtigsten, den es überhaupt gibt.
Wisst ihr, welches der bedeutendste Grenzstein der Welt ist? Es ist das Kreuz Jesu Christi von Golgatha.

Das Kreuz Christi ist ein Grenzstein

1. Die unheimliche alte Geschichte einer Grenze

Da wird uns im Alten Testament berichtet, wie in Israel die Pest wütete. Man kann solch eine Seuche natürlich so ansehen, dass man von Bazillen redet und von hygienischen Maßnahmen. Das hat gewiss seine Berechtigung.
Die Bibel aber zeigt uns die Hintergründe: Der Zorn des heiligen Gottes lag über Israel. Der schreckliche Engel des Gerichts ging durch das Land. Ob es wohl derselbe gewaltige Gottesbote war, der einst in Ägypten die Erstgeburten erwürgte?
Wir wollen jetzt nicht weiter die Ursachen betrachten, die zu diesem Gottesgericht über Israel geführt haben. Es ist genug, wenn wir hier lernen, dass es das gibt: Zorn und Gericht Gottes. Wenn unsere Zeit nicht so unheimlich verstockt wäre, müsste sie ja hellhörig geworden sein für solch ein Bibelwort: »Irret euch nicht, Gott lässt sich nicht spotten. Denn was

der Mensch säet, das wird er ernten.« Luther hat ganz Recht, wenn er in dem Katechismus sagt: »... darum sollen wir uns fürchten vor Seinem Zorn.«

Als ein Prediger einst einen Mann einlud, sonntags doch Gottes Wort zu hören, sagte der lächelnd: »Ich bringe die Sonntage immer mit dem Abschließen meiner Rechnungen zu.« Ernst erwiderte der Prediger: »Mein Herr, Sie werden finden, dass der Tag des Gerichts auf ganz gleiche Weise zugebracht wird.«

Wir haben eine Antenne, mit der wir diesen Zorn Gottes jetzt schon spüren können. Das ist das Gewissen. Wohl uns, wenn unser Gewissen erweckt wird! Der große Prediger Spurgeon berichtet, dass er das erste innere Aufwachen als Junge durch ein Wort seiner Mutter erlebte, die ihn mahnte: »Charles, wenn du verloren gehen solltest, dann muss ich am Tag des Gerichts zu Gott sagen: Herr, Deine Gerichte sind gerecht und wahrhaftig!«

Aber kehren wir zu unserer Geschichte zurück. Da verwüstete also die Pest das Land, bis der Augenblick kam, wo Gott zu dem Engel sagte: »Es ist genug!« Der Engel stand bei der Tenne Ornans, des Jebusiters. Es ist ein ergreifender Bericht, wie nun der König David dahin lief und den schrecklichen Engel zwischen Himmel und Erde stehen sah mit dem Schwert in der Hand, wie er dem Ornan schnell die Tenne abkaufte, einen Altar errichtete und zum Herrn schrie. Da fiel Feuer vom Himmel als Zeichen, dass die Plage hier ein Ende gefunden hatte.

Der Altar markierte eine Grenze: Bis hierher ging der Zorn Gottes. Aber hier eben fand er sein Ende. Auf der andern Seite des Altars waren Friede und Leben.

2. Das Kreuz, die entscheidende Grenze

Damit wird dieser Altar zu einem Vorbild für das Kreuz Jesu Christi auf Golgatha.

Achtet darauf, dass ein Altar die Grenze war zwischen dem Reich des Zorns und dem Reich der Gnade. Alle Gottesaltäre des Alten Testaments aber sind Hinweise auf den einen Altar, auf dem geopfert wurde »Gottes Lamm, welches der Welt Sünde trägt« – auf das Kreuz. Das Kreuz Jesu ist die Grenze zwischen der Welt, die unter Gottes Gerichtszorn steht, und dem Reich der himmlischen Gnade.

Achtet ferner darauf, dass dieser Altar von Gott selbst durch Feuer vom Himmel legitimiert wurde. Auch das Opfer Jesu wurde so von Gott anerkannt – und zwar durch die Auferweckung Jesu von den Toten. Damit hat

Er deutlich gemacht, dass das Opfer Jesu Ihm wohlgefällig sei und die Grenze Seines Zorns darstelle.

So ist also das Kreuz die Grenze. Wer noch nicht durch eine gänzliche Hinwendung zum gekreuzigten Heiland gekommen ist, steht unter dem Zorn Gottes. Welch ein gefährlicher Stand! Wenn wir doch die Menschen warnen könnten!

Wer aber im Glauben zum gekreuzigten Herrn Jesus kommt, ist eingetreten in das Reich der Gnade. Das ist ein herrliches und liebliches Reich! Da ist Friede und Freude im Heiligen Geist! Da ist Leben und Seligkeit! Da hat man Gott zum Vater. Man geht mit Ihm um und freut sich, einst ganz bei Ihm zu sein.

Es darf jeder diese Grenze überschreiten. Sie steht für alle offen. Der Schächer ging am Karfreitag hinüber.

Und der Hauptmann unter dem Kreuz auch.

Einigen unter uns aber muss ich dies zur Warnung sagen: Man kann es mit diesem Grenzstein nicht machen, wie ich es als Junge mit dem Grenzstein in den Vogesen tat, dass ich nämlich halb diesseits und halb jenseits stand. So wollen manche in der Welt des Zorns Gottes und zugleich im Reich der Gnade leben. Das geht nicht. Wir sind entweder hier oder dort.

Haben wir es ganz gefasst: Das Kreuz Jesu ist die Grenze zwischen dem Reich des Zorns Gottes und dem Reich der Gnade. Wir Menschen wollen nämlich gern eine andere Grenze aufstellen. Da sagt einer: »Ich bin doch ein guter Mensch. Wie sollte Gott mir zürnen!« O Freunde, im Reich des Zorns sind so genannte »gute Menschen« und offenbare Sünder. Im Reich der Gnade aber sind mit Gott versöhnte Leute. Nur das Kreuz ist die Grenze! Denkt auch nicht, dass man sich mit einem unbekehrten Herzen etwa auf seine Kindertaufe berufen könnte! Der Glaubensschritt zum Kreuz kann durch nichts ersetzt werden.

Es muss auch noch darauf hingewiesen werden: Wir haben in unserer Zeit viele Grenzveränderungen erlebt. Die Grenze aber zwischen dem Reich des Verlorenseins und dem Reich der Gnade ist ewig unverrückbar. Die hat Gott gesetzt.

3. Die Flucht über die Grenze

Ich las einmal einen Bericht, wie ein Mann in der Zeit des Dritten Reiches von der Gestapo gehetzt wurde. Er floh. Die Angst jagte ihn. Was war das für eine Stunde, als er in einer dunklen Nacht die Schweizer Grenze überschritt! Als die Sonne aufging, war er in der

Freiheit. »Gerettet!« sagte er nur immer wieder vor sich hin, als er auf der anderen Seite des Grenzsteines stand.

So geht es den Leuten, die zu Jesu Kreuz gekommen sind. Vorher fühlten sie im Gewissen den Zorn Gottes über ihre Sünde stärker und stärker. Doch war keine Kraft da, anders zu werden. So war ihr Herz nur voll Angst und Unruhe. Vor dem Wort Gottes flohen sie. Denn es schien ihnen lauter Drohungen zu enthalten.

Bis sie an den Grenzstein kamen. Zinzendorf singt: »Ich bin durch manche Zeiten, / ja auch durch Ewigkeiten / in meinem Geist gereist. / Nichts hat mir's Herz genommen, / als da ich angekommen / auf Golgatha. Gott sei gepreist!«

Der Gnadenstuhl

Gott hat Christus vorgestellt zu einem Gnadenstuhl durch den Glauben in seinem Blut.
Römer 3,25

Auf einer meiner Fahrten sah ich irgendwo eine zerstörte Kirche. Eingestürzt waren die Mauern, verbrannt Orgel und Altäre. Nur ein riesiges Steinkruzifix überragte die Trümmer. Es geht einem ja manchmal so, dass man ein Bild flüchtig aufnimmt. Und erst später merkt man, dass es sich im Bewusstsein festgesetzt und als bedeutsam erwiesen hat.
So ging es mir mit diesem Kreuzesbild über den Trümmern. Welch ein großartiges Symbol ist das! Die ganze Erde ist ja im Grunde ein großes Trümmerfeld. Wie viel Kulturen, Städte, Länder und Völker sind untergegangen! Wie viel Firmen, die einst einen großen Namen hatten, haben ihren Bankrott erlebt! Wie viel Weltanschauungen und Religionen, die einst die Menschen fanatisch hoffen und glauben hießen, sind verschwunden, zertrümmert, vergangen! Aber über den Trümmern ragt unversehrt das Kreuz Christi als das einzige Heilszeichen. Gott schenke uns einen hellen

Blick auf dies Kreuz! Wir lassen es uns wieder deuten durch eines der Vorbilder, die wir im Alten Testament finden.

Das Heilszeichen

1. Der Mittelpunkt der Gemeinde

Welch packende Bilder hat doch die Bibel! Wenn sie z. B. das Wesen der Kinder dieser Welt ohne Gott darstellen will, spricht sie von ihnen als von »Schafen, die verirrt und auf den Bergen zerstreut sind«.

Wenn sie aber die Gemeinde des Herrn schildern will, zeigt sie ein ganz anderes Bild: Israel zieht aus Ägypten, errettet durch eine gewaltige Tat Gottes. Es zieht wohl durch eine schreckliche Wüste, bedroht von tausend Nöten und Gefahren. Aber der Herr selbst geht mit in der Wolkensäule. Und vor dem Volk Gottes leuchtet das Ziel, das herrliche Kanaan.

Ich weiß kein schöneres Bild für die Gemeinde Jesu auch in unsern Tagen.

In 4.Mose 24 wird uns erzählt, wie der moabitische König Balak mit großem Gefolge auf dem Berge Peor steht und auf Israels Lager hinabsieht.

Was stellte sich seinen Augen dar? Er sah die Stämme Israels, gelagert im Kreis um einen

Mittelpunkt. Dieser Mittelpunkt war ein großes Zelt, ein transportabler Tempel, die »Stiftshütte«. Schneeweiße Leinwand umschloss einen weiten Vorhof. Große Vorhänge führten in die leuchtende Pracht des Heiligtums. Jeder Israelit aber wusste, was Balak nicht sah, dass der eigentliche Mittelpunkt im »Allerheiligsten« war. Hier stand die Bundeslade, ein länglicher Kasten, den ein massivgoldener Deckel zudeckte. Auf dieser Platte erhoben sich zwei gewaltige goldene Engelgestalten. Dieser goldene Deckel hieß der »Gnadenstuhl«. Hier war Gott gegenwärtig unter Seinem Volk.

Wenn sie zogen, dann wurde die Bundeslade von Priestern an Stangen getragen. Hoch ragte inmitten des Volkes der Gnadenstuhl. Wenn sie sich lagerten, bauten sie ihre Zelte um diesen Gnadenstuhl auf.

Nicht der gewaltige Führer Mose hielt das Volk zusammen. Es waren auch nicht die gemeinsamen Interessen, welche die Leute verbanden. Der Gnadenstuhl war der Mittelpunkt, um den Israel sich sammelte.

Das heißt: Die Gemeinde des Neuen Bundes lagert sich um das Kreuz. Das Kreuz hält die Gemeinde zusammen. Das Kreuz ist ihr Panier.

Das ist eigentlich verwunderlich und der Vernunft unfassbar. Die Vernunft sagt: »Das Kreuz

Jesu ist doch eine einmalige geschichtliche Tatsache. Es ist längst vermodert.« Der Glaube aber weiß: Dieses Kreuz hat eine überzeitliche Gegenwärtigkeit. Und wo rechte Christen sind, sind sie um das Kreuz gelagert.

2. Die Wohnung Gottes unter Menschenkindern

Wir müssen die Frage aufwerfen: Wo wohnt Gott? Ein schlichtes Gemüt zeigt auf eine Kirche und sagt: »Das ist Gottes Haus.« Wenn es so ist, kann man am Sonntag Gott in Seinem Haus besuchen und dann in sein eigenes Haus zurückkehren und eine Woche lang gottlos leben. Da stimmt doch etwas nicht. Ich kannte einen Mann, der war ein großer Jäger. Über seinem Schreibtisch hing ein Wandspruch, der hatte etwa folgenden Inhalt: »Nicht in dumpfen Kirchenhallen kann ich Gott begegnen. Nein, der Waldesdom ist Seine herrliche, weite Wohnung.« Das klang ja ganz nett. Aber ich habe mich doch immer darüber gewundert, dass der Mann sich in seinem Gotteshaus damit vergnügte, Gottes Kreaturen totzuschießen. Da stimmt doch auch etwas nicht!
Wo wohnt Gott? Salomo betete: »Aller Himmel Himmel vermögen dich nicht zu fassen.« Das ist die Wahrheit! Es gibt eine hübsche Anekdote: Ein Spötter traf ein Kind. »Was machst du?«

fragte er. Das Kind antwortete: »Ich denke über Gott nach.« Da zog der Atheist einen Apfel heraus: »Den bekommst du, wenn du mir sagst, wo Gott ist.« Da zog das Kind zwei Äpfel heraus: »Die bekommst du, wenn du mir sagst, wo Gott nicht ist.« Ein kluges Kind!

Aber diese Allgegenwart verbirgt uns auch wieder Gott. Wo können wir Ihn fassen? Wo in Sein Herz und Angesicht sehen? Wo können wir Seine Hand ergreifen? So muss der fragen, dem es ernstlich um Gott zu tun ist.

Die Gemeinde in der Wüste wusste es: Dort ist der Gnadenstuhl. Es hat Gott in Seiner Herablassung gefallen, ihn zu Seinem Thron zu erwählen. Hier wohnt Er unter Menschenkindern.

»Gott hat Christus vorgestellt zu einem Gnadenstuhl ... in seinem Blut«, jubelt die Gemeinde des Neuen Bundes. Wir wissen, wo wir Gott finden, wo uns Sein Angesicht leuchtet und wo Sein gnädiges Herz offenbar wird: im Kreuz Christi. Hier ist Sein Thron, Seine Wohnung unter Menschenkindern.

3. Das Gerät, das zudeckt

»Gnadenstuhl« – die hebräische Bibel hat hier das Wort »kapporet«, d. h. wörtlich »ein Gerät, das zudeckt«. Ja, was deckte denn der

Gnadenstuhl zu? Die Bundeslade! In der lagen die zwei steinernen Tafeln, auf denen die Zehn Gebote standen.

Und nun kann ich nur weiterreden mit Leuten, die etwas wissen von der Macht des unruhigen Gewissens. Man spricht heute so viel von der Stumpfheit der Menschen. Schlimmer als die Stumpfheit der Herzen ist die Stumpfheit der Gewissen. Warst du schon einmal beunruhigt darüber, wie wenig dein Leben Gottes Geboten entspricht? O wie kann dies unwandelbare Gesetz Gottes uns verklagen! Wie wird es gegen uns zeugen am Jüngsten Tag!

Wer um die Not des Gewissens weiß, der horcht auf bei der Botschaft: Der Gnadenstuhl deckt das anklagende Gesetz zu. Das Kreuz Christi bringt das anklagende Gesetz zum Schweigen. Jesus hat das Gesetz erfüllt bis zum Tod. Seine Gerechtigkeit darf ich mir im Glauben aneignen. Das Gesetz spricht mich vor Gott schuldig. Aber Christi Blut spricht mich Sünder frei.

»Kapporet«, d. h. »das Gerät, das zudeckt«. Es steckt in dem hebräischen Wort ein geheimnisvoller Sinn. Es ist nicht nur daran gedacht, dass die Bundeslade zugedeckt wird. Der Sinn ist tiefer: das Gerät, das die Schuld zudeckt. Daher übersetzte die griechische Bibel: »Sühnegerät«. Das heißt: Meine Schuld wird hier zugedeckt, weil sie gesühnt ist.

Wenn der Hohepriester vor dem Gnadenstuhl stand, sah er kaum noch das Gold. Es war ganz bedeckt mit Blut. Hier wurde nämlich am Versöhnungstag das Blut des Versöhnungsopfers ausgegossen. Und dies Blut deckte Sünde und Schuld zu.

Das Kreuz Jesu ist unser Gnadenstuhl. Sieh dir Jesus am Kreuz an! Da leuchtet nichts mehr vom Gold Seiner Herrlichkeit. Du siehst nur das Blut. Das Blut, das zudeckt, was uns in die Hölle bringt. Das Blut, das meine Sünde zudeckt. Wir singen oft im Jugendkreis: »Sein Kreuz bedeckt meine Schuld, / sein Blut macht hell mich und rein.« O wie sehr kann Gott mir gnädig sein, wenn meine Schuld zugedeckt ist!

Wenn unser Gewissen erwacht ist, dann können wir in Zeit und Ewigkeit nicht aufhören, den Gnadenstuhl des Kreuzes zu preisen.

Das Passah-Lamm

Durch den Glauben hielt Mose Passah und das Blutgießen, auf dass, der die Erstgeburten würgte, sie nicht träfe.
Hebräer 11,28

Bei meinen Besuchen im Krankenhaus gab ich kürzlich einem jungen Zechenbeamten ein Blatt, in dem das Kreuz Christi bezeugt wurde.
Als ich ihn am nächsten Tag wiedersah, sagte er: »Ich habe das Blatt gelesen. Aber es kommt mir so seltsam weltfremd vor.« Da fiel mir das Wort eines modernen Dichters ein: »Die Welt des Christlichen ist uns ferner als die Ammoniten der Kreidezeit.«
So ist es in der Tat: Die Welt und die Gemeinde Jesu haben sich auseinander gelebt. Was bedeutet schon der Welt das Leiden Jesu?! Den Christen aber ist es die höchste Freude, sich mit dem Kreuz Christi zu befassen.
Wir wollen es uns jetzt deuten und erläutern lassen von einem seiner alttestamentlichen Vorbilder.

Die Erlösung durch das Passah-Lamm

1. Das Passah-Lamm in der Geschichte

Wir gehen zurück in graue Vorzeit. Es ist etwa um das Jahr eintausendvierhundert vor Christi Geburt. Wir befinden uns in Ägypten, das damals durch seine hohe Kultur eine Weltmacht war.

Wir gehen nun nicht in das Königsschloss. Wir lassen auch die großen Häuser der übermütigen Ägypter hinter uns und treten in eine armselige Hütte am Rande der Stadt.

Da wohnen arme Leute aus der Gemeinde des Herrn im Alten Bund, aus Israel. Man sieht ihnen an, dass sie schreckliche Jahre hinter sich haben: Die Ägypter haben Gottes Volk furchtbar bedrückt und sind dabei vor grauenvollen Morden nicht zurückgeschreckt.

Es ist Abend. Aber niemand hat sich in der Hütte zur Ruhe gelegt, sondern hier herrscht eine wunderliche Betriebsamkeit. Es ist, als wenn zwei ganz verschiedene Tätigkeiten durcheinander liefen: Die Hausmutter packt den notwendigsten Hausrat in Bündel zusammen; sie rüstet ihre Kinder zu einer großen Reise. Es sieht aus wie bei unsern Flüchtlingen, wenn sie sich auf die Reise machen mussten. Der Hausvater aber ist beschäftigt, ein Lamm zu schlachten. Er trifft alle Vorbereitungen zu einem Festmahl.

Was ist da los?

Von Gott gesandt, hat Mose am Morgen das Volk des Herrn zusammengerufen. Er hat ihnen gesagt: »Heute Nacht wird Gott an den Ägyptern ein schreckliches Zeichen tun. Er wird alle Erstgeburt schlagen. Dann werden sie uns ausziehen lassen. Und wir werden in das Land ziehen, das Gott uns gibt, in das Land, wo Milch und Honig fließt. Aber ehe ihr auszieht, soll jede Familie das Passah-Lamm schlachten und essen.«

Nun, wir wissen, wie die Israeliten in jener Nacht auszogen. Und wie sie in das verheißene Land kamen. Und Jahr für Jahr wurde zur Erinnerung an diese Erlösung das Passah-Lamm geschlachtet – bis Jesus, der Sohn Gottes, kam und als das wahre Passah-Lamm starb.

Gott hat es recht deutlich gemacht, dass Sein Sohn das Passah-Lamm ist. Denn Jesus wurde gerade am Passah-Fest gekreuzigt. Vorher hatten die Ältesten gesagt: »Ja nicht auf das Fest, weil da so viele Leute beisammen sind! Da könnte es einen Aufruhr geben.« Aber gegen ihren Willen kam es so heraus, dass Jesus als Passah-Lamm erwiesen wurde.

2. Die neutestamentliche Bedeutung des Passah-Lammes

Alle, die in jener Nacht in Ägypten das Lamm aßen, waren gegürtet zur Wanderung, waren Fremdlinge in Ägypten und waren bereit, nach Kanaan zu gehen.

Und wer es mit dem gekreuzigten Jesus zu schaffen hat, wer – wie Er selbst sagt – im Glauben »sein Fleisch isst und trinkt sein Blut« (Joh. 6,56), der ist ein Fremdling in dieser Welt. Er hat einen anderen Geist als die Welt. Sein Ziel ist das himmlische Kanaan. Allezeit ist er fertig zur Abreise dorthin.

Aber in einem tieferen Sinn noch ist Jesus das Passah-Lamm. Um das zu erklären, muss ich noch einmal auf jene Versammlung zurückkommen, in der Mose die Anweisungen gab. Da sagte er: »Wenn ihr das Lamm schlachtet, dann sollt ihr das Blut des Lammes oben an die Türschwelle der Haustüre streichen. Heute Nacht wird Gottes Gerichtsengel durch Ägypten gehen. Er wird alle Erstgeburt töten, im Königsschloss ebenso wie in der Sklavenhütte. Nur wo er das Blut des Lammes sehen wird, da wird er vorübergehen.«

Das wurde eine schauerliche Nacht. Ägypten erfuhr, was bis zu diesem Tag jeder irgendeinmal erfährt: »Irret euch nicht, Gott lässt sich nicht spotten.« Da hebt das Klagegeschrei der Heiden an im Königsschloss. Von Haus zu Haus geht das Weinen und Schreien. Überall leuchtet Licht auf und zeigt an, wo der unsichtbare Gerichtsbote sein Werk tut.

Erschrocken sitzt Gottes Volk in seinen Hütten bei dem Mahl des Lammes. Erschrocken – und doch voll stolzer Ruhe. Das Blut ist ja über der Türschwelle, das rettende Blut.

Und nun höre ich den Apostel Paulus jubeln: »Wir haben auch ein Passah-Lamm. Das ist Christus, für uns geopfert« (1.Kor. 5,7). Das versteht nur der, der etwas weiß vom Zorn Gottes über die Sünde, der diesen Zorn im Gewissen erfahren hat. Die blinde Welt verharmlost Gott. Wie wird sie erschrecken, wenn Er Gericht hält! Denn: »Es ist dem Menschen gesetzt, einmal zu sterben, danach aber das Gericht.« Das sagt Gottes Wort. Findet sich über der Tür unserer Wohnung – ist an der Schwelle unseres Herzens das Blut Christi? Haben wir uns schon im Glauben unter den Schutz und die Bedeckung des Blutes Jesu gestellt? Dann dürfen wir in stolzer Ruhe und in tiefem Frieden Gottes leben.

Als der Gerichtsengel Gottes damals durch Ägypten zog, fragte er nicht, ob die Leute, die unter dem Schutz des Blutes standen, gut oder böse waren. Es gehörten sicher böse Buben dazu, die ihren Eltern viel Herzeleid gemacht hatten. Aber nun standen sie unter dem Blut und waren gerettet. Das Blut Jesu ist auch für die größten Sünder geflossen und rettet die ärgsten Feinde Gottes im Gericht.

Der Engel fragte auch nicht, ob der Glaube der Leute dort hinter der blutigen Schwelle groß oder klein war. So wird dich nur das Eine im Gericht retten, ob du im Glauben Jesu Blut dir angeeignet hast.

3. Die notwendige Voraussetzung für die Passah-Feier

Das war ein seltsames Mahl, das Gottes Volk in jener Nacht einnahm. Man aß das Fleisch des Lammes, aber dazu auch Brot. Ein seltsames Brot, ein Brot, bei dem keinerlei Sauerteig verwendet werden durfte.

Bis zu diesem Tag wird es in den streng jüdischen Häusern so gehalten, dass zu Beginn des Passah-Festes der Hausvater mit einem Licht durch das ganze Haus geht und sich überzeugt davon, dass kein Sauerteig im Haus ist. Und damit machen die Juden deutlich, dass – wie Paulus sagt – »eine Decke vor ihren Augen hängt«; dass sie Gottes Anweisung nur äußerlich und mechanisch verstehen.

In 1.Kor. 5 deutet uns Paulus diese Sache geistlich. Er sagt: »Lasst uns Passah halten, nicht im alten Sauerteig (er meint das alte Wesen des unbekehrten Menschen), auch nicht im Sauerteig der Bosheit und Schalkheit, sondern in dem Süßteig der Lauterkeit und Wahrheit.«

Seht, da war in der korinthischen Gemeinde ein böser Fall von Ehebruch vorgekommen. Das war schlimm. Aber wir sehen ja an David, dass der Heiland sogar solch einen Sünder annimmt und dass Sein Blut rein macht von aller Sünde. Aber furchtbar war es, dass man in Korinth sich mit der Sache abgefunden hatte. Man ließ sie in der Gemeinde stillschweigend weiter geschehen.

Sehr ernst straft Paulus die Korinther und sagt ihnen in Vollmacht: Das Blut Christi, das errettet, verträgt sich nicht damit, dass man den Sauerteig des alten Wesens duldet. Mit Jesu Blut, im Glauben ergriffen, beginnt ein Neues. Und wer den Schutz des Blutes haben will, der muss täglich das alte Wesen ausfegen.

Der Herr schenke uns den Mut zu solch tapferem Tun!